세상 속의 그리스도인

1권

Christians in the World

세상 속의 그리스도인 1권

박동열·이상민 지음

긴북이

◎ 1권 목차

추천사 8
들어가는 글 14

1장 | 자유 ················· 19
2장 | 돈 ··················· 29
3장 | 노동 ················· 41
4장 | 사랑 ················· 53
5장 | 여성 ················· 67
6장 | 동성애 ··············· 79
7장 | 이신론(理神論) ········ 91
8장 | 술과 마약 ············ 101
9장 | 이슬람 ··············· 115
10장 | 정치 ················ 131
11장 | 민주주의 ············ 145
12장 | 폭력 ················ 155
13장 | 전쟁 ················ 167
14장 | 서구문명 ············ 181
15장 | 해방신학 ············ 193

2권 목차

1장 | 기술

2장 | 핵발전소

3장 | 인공지능

4장 | 환경위기

5장 | 소비주의

6장 | 소비행위

7장 | 금융위기

8장 | 도시

9장 | 교육

10장 | 불평등

11장 | 마르크스 사상

12장 | 광고

13장 | 선전

14장 | 대중매체

15장 | 스포츠

추천사

세상 문제에 대한 성경적 세계관을 열어주는 도구

송태근_삼일교회 담임목사

바야흐로 인공지능의 발전을 중심으로 하는 제4차 산업혁명이 도래한 대변혁의 시기입니다. 그래서 많은 이들이 과학기술 발전의 경이로움에 사로잡혀 있는 현실입니다. 그러나 이렇게 급변하는 시기야말로 인간과 세상에 대한 본질적인 고민이 필요한 때입니다. 그런 점에서, 박동열 교수님과 이상민 선생님이 쓰신 책을 매우 반갑게 맞이하게 됩니다.

이 책은 '인류 보편적인 가치'와 관련되거나 연결될 수도 있는 총 30가지의 주제를 다루고 있습니다. 그런데, 그중 어느 주제 하나도 무심히 넘길만한 것이 없습니다. 교회 공동체가 함께 이 책을 꼼꼼히 정독해 나가면서 각 주제에 대해 이야기를 나누고 그 이야기를 서로 경청한다면, 이 책은 세상을 균형 잡힌 시각으로 바라볼 수 있는 좋은 길잡이가 될 것 같습니다.

그러므로 이 책은 답답한 세상 현실 속에서 많은 문제와 고민에 사로잡힌 청년들에게 성경에서 말하는 가치를 기초로 한 세계관을 열어줄 도구가 될 수 있을 것입니다. 그런 점에서, 매우 유의미한 책이라는 생각이 들어 기쁜 마음으로 추천합니다.

추천사

세상을 읽어내고 신앙의 목소리를 만들어 내는 도구

강보형_선교통일한국협의회 대표회장/제자선교회(DCF) 이사장

지금 이 시대는 '절대 진리'를 부정하는 포스트모더니즘 postmodernism의 혼란 속에 빠져 있습니다. 무엇이 옳은지 그른지에 대한 기준이 없고, 오히려 그런 기준을 제시하는 사람을 시대에 뒤떨어진 소위 '꼰대'라고 비판하는 풍토입니다. 그러나 "세상에는 해석되지 않는 사실은 없다."라는 코넬리우스 Cornelius Van Til의 말처럼, 성숙한 그리스도인이라면 개인 구원뿐만 아니라, 세상의 문제에 대해 예언자적 답을 찾으려고 애쓰며 이를 위해 씨름해야 합니다.

그러한 맥락에서, 진리를 찾는 젊은이들을 위해 많은 시간을 바쳐 교회와 선교 단체 및 학교 현장에서 그들과 대화하며 소통에 힘을 써온 저자들은, 자유, 돈, 노동, 사랑, 동성애, 술과 마약, 이슬람, 정치, 폭력, 기술, 핵발전소, 인공지능, 환경위기, 소비주의, 금융위기, 불평등, 광고, 대중매체 등 30개의 주제를 선정하여, 그리스도인이 세상의 문제를 논의하도록 도와주는 저서를 출간하게 되었습니다.

이 저서의 특징은 각 장의 주제에 대한 모범답안을 애써 제시하지 않는다는 데 있습니다. 저자가 언급하듯이, 이 저

서가 의도하는 바는 각 장의 주제와 관련하여 〈생각 나누기〉에서 제시하는 토론 주제를 중심으로 그리스도인으로서 어떻게 그 문제를 해석하고 거기에 대처할지 의견을 서로 나누고 경청함으로써, 신앙공동체 안에 의사소통이 한층 더 적극적으로 활발하게 이루어지게 하는 것입니다.

따라서 이 저서가 교회나 선교 단체 같은 신앙공동체 안에서 특히 청년들을 대상으로 하는 모임 가운데 일종의 '나눔 교재'로 쓰인다면, 세상 속에서 힘겹게 살아가는 청년들 사이에서 세상의 문제에 대한 활발한 토론과 성찰이 이루어짐으로써, 그들로 하여금 그리스도인의 대안적 삶의 방식을 스스로 찾아 실천하게 하는 자극제 역할을 충분히 할 수 있으리라 생각합니다.

이 저서가 현대 세상을 살아가는 그리스도인들이 세상을 읽어내고 자신의 신앙적 목소리를 만들어 내는 일에 기여하는 도구가 될 수 있다는 기대감 속에서, 저는 이 저서를 기쁜 마음으로 추천합니다.

추천사

기독교 세계관과 성경적 진리를 회복시킬 영감(靈感)을 주는 책

신국원_기독교세계관동역회 이사장/총신대학교 명예교수

박동열 교수님과 이상민 선생님의 '프랑스식 기독교 세계관 교재'를 추천하게 되어 정말 기쁩니다. 기독교 세계관 논의에 프랑스적 뉘앙스를 더해주는 책입니다. 특히, 이 책에서는 20세기 최고의 기독교 문명비평가 중 하나인 자크 엘륄 Jacques Ellul의 통찰을 소개합니다. 남에게 자신의 힘을 사용하지 않으려는 강한 의지인 '비무력'(非武力) 같은 독특한 개념이 그중 하나입니다. 참고 문헌을 보면 참고한 대부분의 저서가 프랑스 것입니다. 이 점은 중요한 독창성이고 강점입니다. 이제껏 주로 네덜란드와 영미의 저자와 논의에 영향을 받아왔던 우리의 기독교 세계관 논의를 넓혀주기 때문입니다. 프랑스식 사유 훈련은 덤입니다.

저자 두 분은 이 작업을 할 수 있는 능력을 가진 분들입니다. 프랑스어 전문가이고 기독교 세계관 운동에 오래 헌신한 분들이기 때문입니다. 더욱이, 오랫동안 교육 현장에서 청년들을 신앙으로 인도하는 일도 치열하게 해왔습니다. 이 책은 거기서 축적된 열매를 통해 21세기 글로벌 시대를 살아가는 한국 사회의 청년들에게 꼭 필요한 세계관 논의의 지평을 확장

해줍니다.

　　프랑스에는 이제껏 우리가 익숙하게 대해 온 기독교 세계관의 담론과는 색채가 다른 무엇이 있습니다. 같은 유럽이고 서구이지만 지역적 특성을 무시할 수 없기 때문입니다. 하지만 프랑스어는 많은 사람에게 익숙한 언어가 아닙니다. 언어를 안다고 해도 오랫동안 깊이 있게 그 언어와 문화에 익숙하지 않고서는 파악할 수 없는 내용이 분명히 존재합니다. 이 책은 바로 그런 점에서 큰 기여를 합니다. 지금까지 우리에게 세계관 논의를 하도록 도와준 것은 아브라함 카이퍼 Abraham Kuyper, 헤르만 도예베르트 Herman Dooyeweerd 같은 이들과 이들의 통찰을 발전시킨 영미 저자들이었습니다. 흥미로운 것은 기독교 세계관의 원천인 칼뱅 Calvin과 파스칼 Pascal이 프랑스 사람이었다는 것을 잊기 쉽다는 것입니다.

　　이 책의 장점은 우리에게 지금 절실히 필요한 실질적인 주제를 접근하기 쉽게 다루었다는 것입니다. 어떤 것들은 "마주치기를 의도적으로 회피해 온" 주제들일 수 있습니다. 그래서 더욱 소중합니다. 교회에서는 물론이고 기독교 공동체 속에서도 이 주제들에 대해 실천적으로 도움이 되는 교훈을 얻기 쉽지 않기 때문입니다. 그 결과, 원론은 있어도 각론이 없다는 비판은 참 아픈 지적이었습니다. 이 책은 우리 기독교 세계관 논의를 구체화시켜 줄 귀한 선물입니다.

　　1, 2권에 포함된 주제들 모두 세상에서 성경적 안목을 갖추려고 씨름하는 젊은이들에게 너무도 귀한 선물입니다. 이스라엘이 우상숭배로 패망했을 때 많은 젊은이가 이방 신의 본

산인 바빌로니아로 끌려갔습니다. 놀라운 점은 거기서 성경적 진리를 회복하고 눈이 열린 다니엘과 에스더가 등장했다는 것입니다. 어떻게 그것이 가능했는지는 그들의 이름이 붙은 성경의 권(卷)에서 알게 됩니다. 저는 이 책이 우리 시대의 청년들에게 그와 같은 영감(靈感)을 줄 것이라고 확신합니다.

① 들어가는 글

오늘날 세상은 인공지능으로 대표되는 각종 기술의 급속한 성장, 고삐 풀린 듯한 생명공학의 제한 없는 진보, 사회 깊숙이 스며든 빅데이터의 구축과 활용, 인지과학과 신경과학의 엄청난 발전 속에서, 인간 스스로가 소위 '새로운 인간'을 만들려는 '유토피아'를 향해 급속히 나아가고 있는 실정입니다. 이러한 고도 기술 문명 속에서 새로운 과학기술에 대한 열정, 생산성 향상에 대한 집요한 추구, 국가 권력의 강화, 유튜브와 페이스북 같은 SNS에 대한 광신, 진실의 훼손, 돈과 경제 체제에 대한 종속이 점점 강해지고 있습니다.

그러한 변화가 가져온 가치의 혼란과 세계관의 대립 속에서, 그리스도인은 거짓과 진실의 경계가 무너져 진실의 가치를 상실해 가는 모습을 경험하고 있습니다. 또한 가상과 현실의 혼재 속에서 상상계가 현실의 공간을 메움으로써, '새로운 신화'와 우상이 양산되는 것을 목격하고 있습니다. 목적이 사라지고 수단들이 목적이 되어버린 오늘날, 창조세계를 다스리는 책임을 부여받은 그리스도인은 진실로 심각한 도전과 위기를 맞이한 것이지요. 그래서 그리스도인은 신앙과 인생과 사회와 우주에 관한 궁극적인 질문에 유일한 해답이 성경의 진리와 더불어, 세상의 모든 가치 가운데 자리 잡은 진리의 분열 양상을 분석하고, 세상 구조의 배후에 있는 '영적 실재'를 자각하며, 사람들의 정신세계를 사로잡은 '새로운 신화'와 우상에 맞서 창조세계를 보존해가는 직무를 감당할 수밖에 없게 되었습니다.

『세상 속의 그리스도인 1권』은 자유, 돈, 노동, 사랑, 여성, 동성애, 이신론(理神論), 술과 마약, 이슬람, 정치, 민주주의, 폭력, 전쟁, 서구 문명, 해방신학을 주제로 모두 15장으로 구성되어 있습니다. 그리고 곧이어 출간될 『세상 속의 그리스도인 2권』에서는 기술, 핵발전소, 인공지능, 환경위기, 소비주의, 소비행위, 금융위기, 도시, 교육, 불평등, 마르크스 사상, 광고, 선전, 대중매체, 스포츠 등의 주제가 다루어질 예정입니다. 이 주제들은 격랑의 파고를 견디며 세상 한가운데에 살아가는 그리스도인이 마주칠 수밖에 없는 민감한 관심사에 해당합니다. 물론, 이 주제들이 기독교의 '대속(代贖) 신앙'과 별로 상관이 없다고 여기면서, 이 주제들과 마주치기를 의도적으로 회피할 수도 있겠지요.

사실상 오늘날 교회에서 이러한 주제들과 관련한 그리스도인의 적극적인 목소리를 듣기가 어렵습니다. 특히 그 어느 때보다 청년의 시기에 자기 생각을 이야기하고 타인의 주장을 경청하면서, 토론을 통해 예수 그리스도 안에서 정리된 생각을 가지고 세상에서 적극적으로 행동하는 청년 정신을 만나기가 쉽지 않습니다. 무척 아쉬운 일입니다. 세상을 바꾸어 나갔던 신앙의 사람들은 거의 청년 시절의 문제의식을 통해 세상을 바꾸는 신앙의 힘을 축적했습니다. 그만큼 청년의 때는 자신의 세계관을 확고히 하고, 예수 그리스도께서 부르신 영역에 깊이 파고드는 에너지를 쏟아낼 수 있는 중요한 시기입니다.

어쨌든, 모든 그리스도인은 교회 안에서만 신앙생활을 해나갈 수 없습니다. 모든 그리스도인은 이 세상 현실 속에서 자신의 신앙을 고백하고 신앙을 지켜나가야 합니다. 따라서 그리스도인이 이 책에서 다루는 주제들과 관련하여 성경의 관점에서 어떻게 해석해야 할지, 그리고 거기에 어떤 식으로 반응하고 대처해야 할지 성찰할 필요가 있습니다.

이 책에서 각 장은 '생각 열기', '생각하기', '생각 나누기'로 구성되어 있습니다. 우선, '생각 열기'는 각 주제에 대한 개요와 문제 제기를 하는 부분입니다. 다음으로, '생각하기'에서는 각 주제에 대하여 프랑스 사회학자이자 신학자인 자크 엘륄 Jacques Ellul의 저서를 중심으로 해당 주제에 대한 논의를 전개합니다. 마지막으로, '생각 나누기'에서는 각 주제와 관련하여 설정된 몇 가지 토론 주제를 제시함으로써, 각 주제에 대한 각자의 견해와 주장을 자유롭게 개진할 수 있도록 이끕니다.

물론, 각 토론 주제에는 정답이나 모범답안이 있는 것은 아닙니다. 이 책이 의도하는 바는 각 토론 주제에 대해 그리스도인으로서 어떻게 해석하고 대처해야 할지 각자의 생각이나 의견을 이야기하고 나누면서, 신앙공동체 안에서 진정한 의사소통이 활발히 일어나게 하는 것입니다. 더 나아가, 그러한 활발한 토론과 성찰을 통해, 세상의 중심에 흐르는 진정한 메커니즘과 영적인 문제를 자각하게 하는 것입니다. 그리고 그러한 자각을 바탕으로 그리스도인의 대안적 삶의 방식을 스스로 찾아 실천하도록 자극하는 것입니다. 결국, 그리스도인이 근본적으로 살아가야 하는 곳은 바로 그리스도인이 끊임없이 창조하고 섬겨야 할 세상 속입니다.

아무쪼록 이 책을 통해 여러분의 신앙공동체에서 깊고 풍성한 나눔이 있기를 기대합니다. 이 책이 나오기까지 모든 과정에서 힘이 되어준 고북이 출판사 안정민 대표님, 원고 검토와 교정 및 자료 조사에 힘을 써준 김지섭 형제님, 편집과 디자인을 위해 수고를 아끼지 않은 방윤미 자매님, 자체 모임을 통해 내용과 관련된 피드백을 해준 서향교회 청년부 지체들에게 진심으로 감사의 마음을 전합니다.

2021년 9월 박동열·이상민

1장. 자유

예수 그리스도 안에서의 자유

인간에게 '참된 자유'란 무엇인가?

1장.   자유

○   **생각 열기**

여러분은 진실로 자유를 열망합니까? 사실상 자유는 모든 인간이 당연히 추구하는 것이고, 모두가 바라는 것이며, 모두가 완전하지는 않지만 상당 부분 이룩했다고 자부하는 것입니다. 여러분은 삶의 모든 상황에서 자유롭습니까? 과연 인간에게 자유는 태어날 때부터 가지는 본능적인 욕구라고 생각합니까?

적어도 한 가지 분명한 사실은 있다고 생각합니다. 인간에게 안전, 안락, 익숙한 것에의 적응, 행복, 편리성을 추구하는 욕구 등은 참으로 영속적이고, 뿌리가 깊다는 사실입니다. 인간은 자신의 욕구 충족을 위해서 너무나도 자주, 또 쉽게 자유를 희생할 태세를 갖추고 있으니까요. 자유는 분명히 인간에게 깊은 울림을 주는 것입니다. 하지만 개인에게 참된 자유의 문제가 대두될 때, 실제로 개인은 자유보다는 다른 많은 욕망과 욕구를 앞세우는 것을 봅니다. 오히려 개개인은 자유를 원한다기보다는 자유를 두려워하는 것을 봅니다.

현실에서 우리는 스스로 판단해서 자신의 의지대로 선택하면서 산다고 생각합니다. 하지만 우리 대부분의 속사정을 살펴보면, 우리는 수많은 필연성 가운데서 어쩔 수 없이 정해진 것에 순응하면서 살고 있습니다. 왜냐하면 자유로움을 선택하거나 자신의 자유의지로 어떤 것을 문제 삼는다면 자신도 타인도 불편해지기 때문이고, 순응주의를 택하는 것이 편하기 때문입니다. 예를 들어, 중앙집권화된 권력의 필연성에 맞서는 일은 상당한 어려움을 초래합니다. 돈의 경우에도, 그것은 어디에서나 사고파는 매매가 일어나는 내적 필연성을 갖고 있기에, 돈의 원리에 저항하는 자유는 삶을 매우 불편하게 합니다. 그리고 기술도 고유한 법칙에 따라 발전하고 있고 아무도 그 진행 방향을 변경시키지 못하기에, 기술의 필연성에 대해 자유를 선언하는 것도 만만한 일이 아닙니다.

　　이처럼, 학교에서나 직장에서나 도시 생활에서나 심지어 교회에서도, 우리가 겪는 모든 것의 내적 필연성을 문제 삼으면서 거기에 순응하지 않는 자유를 선택하려면 참으로 용기와 투쟁이 필요합니다. 그런 투쟁을 시작하려면 무엇보다 우리가 삶에서 얽매여 있는 것의 실체가 무엇인지 자각해야 합니다. 오직 그런 자각을 통해서만이 그리스도인은 거짓된 자유에 속지 않게 되고, 진리가 주는 자유로움을 진실로 누리며 살 수 있습니다(요한복음 8:32-36, 고린도전서 7:22, 갈라디아서 5:1).

● 　　생각하기

1. 예수 그리스도 안에서의 자유

① 일반적으로, 자유는 제약 없이 행동할 수 있는 능력으로 정의됩니다. 또한 자유는 외적 요인에 의해 결정되거나 제한되지 않은 채 행동을 결정하고 수행할 수 있는 역량으로 정의됩니다. 그러나 '예수 그리스도 안에서의 자유'는 그런 일반적인 자유에 대한 정의(定義)와는 차이가 있습니다. 복음 안에서의 자유는 사람들이 생각하는 일반적인 자유 개념이 사실상 환상과 기만이라는 사실을 드러냅니다. 다시 말해, 현대인은 자유를 누리고 있다고 생각하지만, 실제로는 세상의 온갖 것에 얽매여 있는 노예 상태에 있다는 것입니다. 성경은 오직 '예수 그리스도 안에서의 자유'만이 참된 자유라고 가르칩니다(요한복음 8:32-36, 고린도전서 7:22, 갈라디아서 5:1).

② 세상의 인간 중에서 오직 예수 그리스도만이 유일하게 진정으로 자유로우셨습니다. 왜냐하면 그분은 광야에서 '굶주림'과 '지배욕'과 '하나님 신분 차지'라는 시험을 받으셨지만, 그 시험을 완전히 극복하셨기 때문입니다(마태복음 4:1-11, 누가복음 4:1-13). 여기서 '굶주림'은 육체가 경험하는 '필연성'을 의미하고, '지배욕'은 세상 속에서 작동하는 '힘'을 의미하며, '하나님 신분 차지'는 인간 스스로 살아가려는 '자율성'을 의미합니다. 사실상 인간은 세상에서 기술을 통한 기적을 일으키도록

끊임없이 부추김을 받고 있으며, 하나님 없이 스스로 자율적으로 살도록 유혹을 받습니다. 그런 인간의 상황과 관련하여 예수 그리스도께서는 우리에게 해방을 제시하십니다. 그 해방은 바로 우리가 할 수 있는 모든 것을 행하기를 포기하라는 것입니다. 하지만 인간은 그런 방식의 해방을 거부합니다. 그리고 단지 인간이 스스로 할 수 있다는 이유에서, 기술을 통해 할 수 있는 모든 것을 분별없이 행하기를 택합니다.

③ 예수 그리스도 안에서 얻게 되는 자유는 하나님과의 완전한 일치와 완전무결한 사랑을 전제로 합니다. 따라서 자유로운 인간은 하나님과 함께하려는 갈망만을 가진 존재입니다. 그런데, 그리스도인의 삶에서 하나님의 은총을 직접 표현하는 유일한 방식은 대가 없이 거저 주는 것입니다. 바로 대가 없이 거저 주는 행동이 '예수 그리스도 안에서의 자유'를 나타냅니다. 그리고 예수 그리스도 안에서의 그러한 자유는 특히 인간의 좌절을 근본적으로 치유합니다. 왜냐하면 자신으로부터 해방된 그리스도인은 더는 다른 사람과 비교할 필요가 없기 때문입니다. 그렇게 해방된 그리스도인은 삶 속에서 자신의 소비를 줄임으로써, 현대 사회의 온갖 선전과 광고의 유혹으로부터 벗어날 수 있기 때문입니다.

④ 자유란 먼저 하나님을 향해 돌아서는 것입니다. 왜냐하면 인간은 자신을 자유롭게 한 하나님을 인정할 때만이 자유로울 수 있기 때문입니다. 자유로운 인간이 자유로운 하나님

께 순종하는 생활이 바로 그리스도인의 삶입니다. 달리 말해, 하나님을 향한 순종과 사람을 섬기는 삶을 통해, 그리스도인은 참된 자유를 누리며 그 어떤 제약도 받지 않고 행동할 수 있습니다. 참으로 자유로운 그리스도인은 자기 자신을 얽매는 것으로부터 완전히 해방될 수 있고, 자신을 마비시키는 삶의 조건으로부터 해방됩니다. 즉, 자신을 예속시키는 정치권력, 돈, 기술, 조직, 종교 등 온갖 권세로부터 해방될 수 있습니다. 그러한 그리스도인의 자유와 관련하여 성경은 현시대에 순응하지 말라고(로마서 12:2) 권고하고 있습니다.

2. 자유의 적용과 실천

① 본질적으로 자유는 구체적인 행위와 실제적인 구현과 현실적인 표현으로 드러나게 되어 있습니다. 자유가 구체적으로 드러나거나 나타나지 않으면, 어떤 종류의 자유도 존재하지 않는 것이지요. 예수 그리스도 안에서 자유롭게 된 그리스도인의 자유도 마찬가지입니다. 복음으로 해방된 그리스도인은 여전히 세상 속에 남아 있기에, 바로 그런 세상 속에서 자유를 체험하고 실천합니다. 다시 말해, 근본적으로 지상에서 이방인과 나그네 같은 존재인 그리스도인은 자기 자신에게서 벗어나고 자신을 조건 짓는 것으로부터 벗어나서, 세상의 다양한 분야에서 자신의 참된 자유를 적용하고 실천합니다. 이는 자신의 본래 환경과 소속과 결별하기 위한 것이기도 하지만, 그와 동시에 자유롭게 다시 거기에 참여하기 위한 것이기도 합니다.

② 그리스도인은, 자신의 자유를 가지고 지구 전체의 파멸을 피하고 세상을 보존하기 위하여, 세상이 필요로 하는 변화를 시도할 수 있습니다. 예를 들어, 과학적이고 기술적 연구를 힘과 권세로 사용하는 방향을 설정하기보다, 세상을 보존하는 지혜로 사용하는 방향을 설정하는 것입니다. 또한 경제를 오직 성장과 소비와 부를 증가시키는 것을 목표하는 것보다, 인간의 기초 필수품을 충족시키는 방향으로 전환하도록 하는 일입니다. 그리고 사회 수익 전체를 모든 사람에게 공정하게 나누는 일 같은 것입니다. 우리 사회가 그러한 방향을 취하지 않으면, 오늘날 기술적인 수단들의 힘은 결국 인간에게 해를 끼칠 것입니다. 더욱이, 교회와 그리스도인이 그런 변화의 용기를 다른 사람들에게 전해주지 못한다면, 그리스도인은 오늘날 온갖 기술적인 수단들의 활용 결과에 대해 완전히 책임을 져야 합니다. 따라서 그리스도인의 자유는 개인의 신앙 성장 측면에서만이 아니라 사회의 정치적, 경제적 방향 선택에서도 구체적으로 드러나야만 합니다.

◎　생각 나누기

1. 일반적으로, 자유란 방종이 아니고 다른 사람들의 자유가 시작되는 곳에서 멈추는 것이라고 규정됩니다. 일반적인 개념에서의 그러한 자유와 '예수 그리스도 안에서의 자유' 사이의 근본적인 차이점이 무엇인지 생각해 봅시다.

2. 여러분을 얽매이게 하는 것이 무엇입니까? '예수 그리스도 안에서의 자유'를 여러분의 삶 속에서 구체적으로 어떻게 적용할 수 있을지를 논의해 봅시다.

3. '예수 그리스도 안에서의 자유'를 통해 좌절을 극복한 경험이 있다면 그 경험을 각자 나누어 봅시다.

4. 그리스도인의 자유가 개인의 신앙 성장 측면에서만이 아니라 사회의 정치적, 경제적 방향 선택에서도 구체적으로 드러나야 한다면, 여러분에게 그런 방향이 구체적으로 무엇인지 의견을 제시해 봅시다.

참고 문헌

이상민. 『자크 엘륄, 시대를 앞서간 사상가』, 도서출판 고북이, 2020.

자크 엘륄. 『원함과 행함』, 김치수(역), 도서출판 대장간, 2018.

_____. 『자유의 윤리 1』, 김치수(역), 도서출판 대장간, 2018.

_____. 『자유의 투쟁』, 박건택(역), 솔로몬, 2008.

Ellul J. *Éthique de la liberté, tome I*, Labor et Fides, 1973.

_____. *Éthique de la Liberté, tome III : «Les Combats de la liberté»*, Labor et Fides & Centurion, 1984.

_____. *Le Vouloir et le faire: Une critique théologique de la morale*, La Table Ronde, 2013.

2장. 돈

돈과 그리스도인

그리스도인은 돈에서 자유로운가?

2장. 돈

○   **생각 열기**

　　돈은 하나님의 관심사입니다. 하나님은 인간이 잘 살 수 있도록 물질을 제공하시는 분이기 때문입니다. 또한 하나님은 그 물질의 쓰임과 흐름에 지대한 관심을 가지시기 때문입니다. 더구나 돈은 삶을 살아가는 데 꼭 필요한 수단이기에, 사람의 마음이 언제나 거기에 있기 때문입니다(누가복음 12:34). 돈이란 세상의 모든 상품을 구입할 수 있는 모든 수단을 의미합니다. 또한 돈은 돈으로 환원될 수 있는 모든 소유와 물질적 풍요를 의미할 수도 있습니다.

　　그러한 돈은 절대적 필요에 의해 인간 마음에서 주체할 수 없는 강한 에너지를 불러일으킵니다. 때로 돈은 자기를 사랑하면 자기를 많이 가질 수 있고, 사회에서 출세도 하며, 자유를 소유하여 자아실현을 할 수 있다고도 생각하게 만듭니다. 심지어 돈은 자기를 사랑하면 신앙적으로도 가장 이상적인 반듯한 그리스도인이 될 수 있는 것처럼 착각하게 합니다. 때로 돈은 강한 압제자로 돌변하여 자기를 따르지 않으면 세상의 '잉여 인간'으로 만들어 세상에서 도태시키겠다고 위협하기조차 합니다.

　　오늘날 그리스도인이 돈의 지배로부터 탈출하는 것은 무척 어려운 일입니다. 우리가 가끔씩 듣게 되는 '깨끗한 부자론'이 돈의 지배에 묶인 그리스도인을 과연 해방할 수 있을까요? 예수 그리스도와 만난 부자 청년은 신앙을 실천으로 옮긴 모범적인 종교인이었으며, 돈도 많고 사회적 위상도 지닌 도저히 나무랄 데가 없는 청년 중 한 명이었습니다. 그런데, 예수 그리스도께서는 그의 삶을 긍정적으로 보시기는 하지만, 그에게서 돈에 대한 탐욕과 교묘하게 결합한 신앙의 허구성을 간파하십니다(마태복음 19:16-30, 누가복음 18:18-30).

결국, 예수 그리스도께서는 신앙의 이름으로 부에 대한 욕망을 정당화하려는 것을 경계하십니다. 돈이란 본질상 하나님에게 맞서 경쟁하면서 인간의 마음을 점령하는 악마적 존재, 곧 '맘몬'[1]임을 직시하라고 하신 것이겠지요. 아마도 부자 청년이 소유를 팔아 가난한 사람에게 나누어 주지 못하는 것은 두려움과 불안 때문일 것입니다. 그러나 그리스도인이 돈과 소유에 대한 탐욕에서 해방될 때, 비로소 하늘의 보화와 그토록 갈망한 영생을 누릴 수 있게 됩니다.

---

1) 예수 그리스도께서는 "너희는 하나님과 재물을 함께 섬길 수 없다."라고 언급하십니다(마태복음 6:24, 누가복음 16:13). 프랑스어 성경 '스공 Second 1978년 개정판'에서는 '재물'이 '맘몬 Mammon으로 표현되어 있습니다. '맘몬'은 '부'를 뜻하는 아람어 단어입니다.

● 생각하기

1. 구약성경에서의 '부'(富)

① 성경에서는 '부'와 관련된 두 가지 모순이 나옵니다. 첫째, 신약성경과 구약성경 사이의 모순입니다. 신약성경에서는 '부'가 단죄되며, '부'를 정당화하는 성경 구절은 하나도 없습니다. 그와 반대로, 구약성경에서는 '부'가 하나님께서 원하시며 하나님의 마음에 드는 선한 것으로서 제시됩니다. 따라서 신약성경과 구약성경 사이에서 재물과 관련된 대립보다 더 근본적인 대립은 없지요. 둘째, 구약성경에서 '부'에 대한 판단과 부자에 대한 판단 사이의 모순입니다. 구약성경에서 '부'는 선하고 의로운 것으로 여겨지는 데 반해, 부자는 거의 언제나 판단을 받고 단죄됩니다. 풍부한 재물이 의로운 사람에게 주는 하나님의 선물인데도, 그 풍부한 재물을 누리는 사람이 그토록 심하게 비난당할 수 있다는 모순입니다.

② '부'의 진정한 소유자이신 하나님께서는 선택하신 자에게 '부'를 주십니다. 하지만 어떤 경우에는 '부'를 주지 않기도 하시며 심지어 '부'를 빼앗아 가기도 하십니다. 이를 결정하는 것은 바로 하나님의 지혜입니다. 그런데, 이와 관련하여 인간은 하나님과 논쟁할 수 없습니다. 자유로운 하나님께서는 자신의 뜻대로 부유하게도 하시고 혹은 가난하게도 하십니다(신명기 8:17-18, 욥기 1:9-11, 욥기 1:21-22). 따라서 인간이 할 수 있는 것이란

단지 하나님의 결정을 받아들이는 것입니다.

③ 구약성경에서 하나님에 의한 '부'의 분배는 보상과 축복으로서 제시됩니다. 그래서 '부'는 하나님의 보상과 축복이라는 견해가 생겨난 것입니다. 구약성경에서는 지혜롭고 의로운 사람의 삶에 대한 보상과 축복으로서 주어지는 '부'와 관련된 여러 성경 구절이 있습니다(창세기 13:2, 신명기 28:11-12). 여기서는 "지혜로운 자의 '부'는 그의 왕관이다."(잠언 14:24), "겸손과 하나님께 대한 경외의 결과는 '부'와 영광과 생명이다."(잠언 22:4)라는 두 성경 구절을 들어 보겠습니다.

④ 하나님께 대한 경외는 지혜의 시작이며, 하나님을 경외하는 사람은 지혜로운 자입니다. 그런 경외와 지혜에 대한 하나님의 보상은 '부'와 영광입니다. 그런데, 잠언 22장 4절에 나타나는 '부, 영광, 생명'은 세속적인 것과 성스러운 것의 혼합물입니다. 말하자면, 물질적인 선물과 영적인 선물이 혼합된 것으로서, 하나님을 경외한 결과는 물질적 축복과 영적 축복입니다. 한편으로 부, 정치적 영광, 삶의 안락함이라는 물질적 축복이고, 다른 한편으로 은총의 부, 하나님의 영광에 참여함, 영생이라는 영적 축복이라는 것입니다. 따라서 그렇게 두 가지 의미로 통합되는 하나님의 축복을 오직 물질적인 '부'로만 한정시키지도 말아야 하고, 물질적인 '부' 자체만을 축복의 결과로 간주하지도 말아야 합니다.

2. 신약성경에서의 '부'(富)

① '부'를 많이 소유하면 언제나 위험이 따르기 마련입니다. 하나님을 잊어버리거나 남의 것을 탐내거나 하는 죄를 지을 수 있다는 것입니다. 신약성경은 '부'를 더한층 바람으로써 믿음에서 멀어지고 많은 근심에 사로잡힐 수 있음을 경고합니다(마태복음 6:19-21, 마가복음 10:23-27, 누가복음 12:13-34). 그래서 '부'나 재물에 소망을 두지 말고 하나님께 소망을 두면서, 돈을 사랑하지 말며 자족하는 법을 터득하라고 권고합니다(디모데전서 6:6-10, 디모데전서 6:17, 히브리서 13장 5-6절).

② 예수 그리스도께서는 구약성경에서 인정된 '부'의 '성례적 특성'[2]을 제거하십니다. 또한 예수 그리스도께는 강한 것을 물리치시려고 약한 것을 택하십니다(고린도전서 1:27). 그 자체로 경제적 힘이 되는 '부'를 하나님의 축복으로 여길 수 없기 때문입니다. 그리하여 이제 '부'는 더는 하나님의 징표도 축복도 아닌 것이 됩니다. 오직 예수 그리스도만이 인간의 현실이자 인간의 축복이 되신 것입니다. 그렇게 '부'는 본래의 위치로 되돌아갑니다. 그런 사실 때문에, 신약성경은 돈에 대하여 엄밀한 현실주의적 측면에서 언급합니다. 즉, 신약성경은 '부'를 돈으로 귀결시키는데, 이는 '부'를 돈이 단순하게 축적된 형태

---

2) 성례(聖禮)는 보이지 않는 하나님의 은총이 눈에 보이는 방법으로 전달되는 기독교 예식을 가리킵니다. 따라서 부의 '성례적 특성'이란 부는 하나님의 은총이 인간에게 가시적으로 나타난 것임을 의미합니다.

로 여기기 때문입니다.

3. 돈과 그리스도인

① 예수 그리스도께서는 돈을 '맘몬'이라고 부르시면서 돈을 신성한 것으로 간주하십니다. 그렇게 하심으로써 드러내시려는 것은 돈이 하나의 영적 권세라는 점입니다. 그리고 이 권세는 인간에게 주인으로 자리를 잡음으로써, 이제 인간은 돈 없이 살 수 없습니다. 따라서 돈을 소유하든 돈이 부족하든, 돈은 언제나 예속의 근원이며, 심지어 인간을 하나님으로부터 멀어지게 할 수 있는 영적 권세가 됩니다. 그렇다고 해서, 인간이 돈 없이 살아가는 삶을 선택해야 하는 것이 그런 예속상태에서 벗어나는 길은 아닙니다. 차라리 돈을 계속 사용하되 돈에 대한 숭배를 그만둠으로써 그런 예속상태에서 벗어날 수 있습니다.

② 영적 권세이면서 신성화된 대상인 돈에 대한 숭배를 그치려면, 돈에 부여된 신성함을 박탈해야 합니다. 그 신성함을 박탈하는 가장 좋은 방법은 아무 대가 없이 거저 주는 행위인 '무상 공여'(無償 供與) 정신을 금융권과 시장의 논리가 지배하는 세계에 들여놓는 것입니다. 신성함을 제거하는 또 다른 방법은 본래 돈에 계획되어 있지 않던 방향으로 돈을 사용하는 것이며, 돈을 돈 그 자체로 돌려놓는 것입니다. 예를 들어, 이자를 받기 위해 돈을 빌려주기를 거부하는 것입니다. 그리고

돈을 빌려주되, 돈을 효율적으로 운용하여 이득을 취하거나 돈으로 이익을 남기지 않도록 하는 것입니다. 그렇게 하면 인간은 돈 위에 존재할 수 있습니다. 그러한 토대에서 인간은 이웃을 사랑할 수 있는 것이지요. 그와 같은 삶 속에서 그리스도인은 비록 채무자가 자신에게 돈을 갚지 못하더라도 불안하지 않게 됩니다.

③ 돈에 부여된 신성함을 박탈하는 또 다른 방법은 저축 형태를 거부하는 것입니다. 저축은 앞으로 일어날 일에 대비하여 자신을 위한 보장책을 세우는 것이기 때문입니다. 이는 돈을 신뢰하는 것이고, 하나님을 신뢰하지 않는 것입니다. 누구도 두 주인을 동시에 섬길 수 없듯이, 그리스도인은 하나님과 맘몬을 동시에 섬길 수 없기 때문입니다. 어느 하나를 신뢰하면, 다른 것에 대한 신뢰는 밀려납니다. 하나님의 영광에 대한 찬미는 돈에 대한 불신을 전제로 합니다.

④ 결국, 돈에 부여된 신성함을 박탈하고, 돈의 해로운 힘을 약화시키며, 그리스도인을 돈의 예속에서 해방하기 위한 가장 좋은 수단은 돈을 거저 주는 것입니다. 그런 증여를 실천하는 것은 돈을 목적으로 삼지 않는 행위입니다. 따라서 그런 증여를 실천하는 것은 경쟁과 구매와 판매의 세계에 '무상 공여'가 뚫고 들어가게 하는 결정적 지렛대입니다. 실제로 준다는 것은 소비하는 것도, 저축하는 것도, 빌려주는 것도 아닙니다. 따라서 준다는 것은 상업의 논리와 어긋나는 것입니다. 그

런데, 이때 준다는 것은 모든 것을 주는 것이 아니라, 일단 자신의 기본적 필요가 충족되고 남아 있는 모든 것을 주는 것입니다.

⑤ 돈을 벌기 위한 노동에도 절대적 가치를 부여하지 말아야 합니다. 또한 노동의 결실을 우상처럼 숭배하지 말아야 합니다. 그런 조건에서, 그리스도인은 복음이 주는 자유 속에서 자신의 직업을 잘 수행할 수 있습니다. 그리고 자신이 번 돈을 나누어주기 위해 노동을 할 준비가 되어 있는 것이지요. 진실로 자유로운 인간만이 탐욕이 없는 존재일 수 있습니다. 그러한 인간은 대가 없이 거저 주고 기꺼이 자신을 내어주면서 살아갑니다. 그렇게 대가 없이 거저 주는 행위야말로 그리스도인의 삶에서 하나님의 은총을 직접 표현하는 유일한 방식입니다. 그와 동시에, 그런 행위는 '예수 그리스도 안에서의 자유'를 나타내는 것이기도 합니다.

◎　생각 나누기

1. 돈 때문에 어려움을 겪었던 경험이 있다면 이야기해 봅시다. 그때의 경험은 여러분에게 어떤 교훈을 안겨주었습니까? 여러분은 돈에 대해 평소 어떤 가치관을 따르고 있습니까?

2. 최근 코인 투자 혹은 주식 투자를 하는 청년들이 많이 늘어났습니다. 이러한 금융지배자본주의에 대해서 어떻게 생각하는지 나누어 봅시다.

3. 노동을 통해 애써 번 돈을 다른 사람에게 대가를 바라지 않고 거저 준 경험이 있나요? 그런 경험을 하고 나서 어떤 생각이 들었습니까?

4. 금융과 시장의 논리가 지배하는 현실 사회에서 재테크나 보험이나 대출을 거부하면서 그 논리대로 살지 않을 수 있을까요? 만일 그렇게 살 수 있다면 그 방법은 무엇일지 의견을 나누어 봅시다.

5. 돈과 관련된 영국의 종교개혁자 존 웨슬리 John Wesley의 가르침에 대해 어떻게 생각하는지 여러분의 의견을 제시해 봅시다.

> ① 우리 자신이 먹는 것과 옷 입는 것을 위해 돈을 써야 한다.
> ② 아내, 자녀, 집에 딸린 사람들을 위해 돈을 써야 한다.
> ③ 꼭 필요하고 필수적인 것을 위해서만 돈을 써야 한다.
> ④ 기회가 있을 때마다 모든 사람에게 선을 행해야 한다.
> ⑤ 이웃에게 상처를 주지 않고 열심히 벌어야 한다.
> ⑥ 할 수 있는 한 많이 주어야 한다.
> ⑦ 육체의 정욕과 안목의 정욕과 이생의 자랑을 위해 돈을 사용하지 말아야 한다.

참고 문헌

이상민. 『자크 엘륄, 시대를 앞서간 사상가』, 도서출판 고북이, 2020.

자크 엘륄. 『자유의 윤리 1』, 김치수(역), 도서출판 대장간, 2018.

_____. 『하나님이냐 돈이냐』, 양명수(역), 도서출판 대장간, 2010.

캐스린 태너. 『기독교와 새로운 자본주의 정신』, 백지윤(역), IVP. 2021.

Ellul J. *Éthique de la liberté, tome I*, Labor et Fides, 1973.

_____. *L'Homme et l'argent*, in *Le défi et le nouveau : Œuvres théologiques 1948-1991*, La Table Ronde, 2007.

3장. 노동

노동과 하나님의 소명

노동과 하나님의 소명 사이의 관계는 무엇인가?

3장. 노동

○   **생각 열기**

여러분은 하나님께서 자신을 특정한 일이나 직업 혹은 직종으로 부르신다는 것을 믿으십니까? 물론, 오늘날 청년에게 취업이란 과제가 너무 버겁기에 그런 질문을 하는 것조차 사치스러울 수도 있다는 점은 충분히 이해됩니다. 하지만 우리가 하는 모든 일은 하나님의 지대한 관심사이기 때문에 그런 질문을 반드시 던져야 합니다. 이를 위해 먼저 알아야 할 것은 하나님께서는 일하라고 인간을 창조하셨으며, 능력이 허락하는 한도 내에서 노동하라고 인간에게 명령하셨다는 사실입니다(창세기 1:27-28, 창세기 2:15, 창세기 2:19-20, 출애굽기 20:9, 데살로니가후서 3:10, 요한계시록 21:24-26).

하나님의 형상대로 창조된 인간은 일하시는 하나님을 본받아 에덴동산에서부터 동산을 관리하는 임무를 받습니다. 이는 일이 인간의 본질과 깊이 연관되어 있다는 것을 알려주는 것이지요. 우리가 특정한 일에 대한 하나님의 부르심을 분별하는 것은 시간이 걸립니다. 하지만 하나님께서 여러분을 하나님 나라의 일꾼으로 삼으시고, 여러분의 능력 안에서 일하기를 바라신다는 점은 의심할 바가 없습니다.

오늘날 청년들이 직업을 대하는 자세를 구분하자면, 세 가지 태도인 '잡' Job, '커리어' Career, '콜링' Calling으로 나눌 수 있다고 봅니다. 가장 일반적으로 사용하는 용어인 '잡'은 직업을 돈을 버는 수단으로 여기는 것입니다. '커리어'는 여기서 더 나아가 사회에서 자신의 가치를 인정받기 위한 통로로서 직업을 의미한다고 볼 수 있습니다. 그러나 그리스도인으로서 추구해야 할 태도는 '콜링'으로서 직업을 대하는 것입니다. 즉, '부르심' 혹은 '소명'으로 받아들이라는 말이지요. 오늘날 그러한 태도가 낯설지 않은 것은, 신앙이 없는 사람들도 곧잘 "소명의식을 가지라."라고 말하기 때문입니다. 그들은 부르신 분이 누구인지도 모르지만, 직장에서 소명의식을 가지는 것이 중요함을 아는 것이지요.

그런데, 요즈음에 와서 오히려 교회가 일터와 관련하여 소명의식을 강조하지 않는 것 같습니다. 이는 '소명'이란 오직 목회자나 선교사가 되려는 사람에게 필수적이지, 취업하려는 사람에게 "소명을 받았느냐?"라는 물음은 불필요하다고 생각하기 때문일 수도 있지요. 하지만 하나님의 소명으로 일을 받은 사람은 일을 대하는 자세가 완전히 다릅니다. 그런 사람에게 일의 귀천은 문제가 아닐 뿐만 아니라, 일 가운데서 선과 악의 윤리적 구별도 철저해집니다. 또한 그런 사람은 자신이 하는 일 가운데 의미를 부여하면서, 일의 과정 속에서 부르신 이의 뜻을 묻게 됩니다.

한편, '소명'으로서의 일은 학생이나 평범한 가정주부와도 결코 무관하지 않습니다. 하나님을 믿는 모든 성도는 하나님의 부르심을 받은 사람이기 때문입니다(고린도전서 1:2, 에베소서 4:1). 우리는 일생을 하나님이 주신 소명을 따라 살다가 하나님의 부르심을 따라 세상을 떠납니다. 바로 그런 것이 인생을 가장 잘 사는 방법이라고 볼 수도 있겠지요.

● 생각하기

1. '필연성'과 생존으로서의 노동

① 하나님은 '필연성'에 예속되지 않습니다. 그래서 하나님의 창조 세계에는 어떤 '필연성'도 없지요. 하지만 아담의 타락, 곧 하나님과 아담의 단절을 통해 창조 세계는 '필연성'의 질서 속으로 들어갑니다. 즉, 창조 세계에는 혼돈이 일어나고, 모든 것이 무(無)로 돌아갈 위험에 놓인 것입니다. 말하자면, 하나님이 제시한 질서가 세상의 외적 제약이 된 것이지요. 그 결과, 이 질서가 단호한 방식으로 유지되지 않으면 창조 세계는 사라질 수도 있는 위험이 생깁니다. 그리고 인간은 '필연성'에 예속되어 '필연성'의 세계 속에 살게 됩니다. 상황이 그와 같음에도 인간은 자신이 자유롭다고 믿고 있습니다. 그렇지만 '필연성'은 죄를 나타내며 하나님과의 단절을 의미합니다.

② 그런 관점에서, 인간의 노동은 창조가 아닌 타락에 뿌리가 닿아 있습니다. 동물의 이름을 짓고 에덴동산을 가꾸면서 번성하고 생육하는 권한이 아담과 하와에게 주어집니다. 그런데, 그들의 그런 권한은 '노동'이라고 엄밀히 불리는 것과 아무 상관이 없지요. 그 권한은 손상되지 않은 완벽한 창조 세계에서 하나님 앞에서의 자유를 실행한 것이기 때문입니다. 하지만 인간이 하나님으로부터 분리된 이후, 타락한 세상에서 '노동'이 인간에게 요구된 것입니다.

③ 따라서 노동은 근본적으로 몹시 고되다는 점에서, 그리고 생존하려면 반드시 노동을 할 수밖에 없다는 점에서 노동은 '필연성'에 속합니다. 노동을 자유의 수단이나 혹은 자기표현의 수단이라는 주장이 역사적으로 있지만, 이는 거짓입니다. 인간은 필연적으로 반드시 노동할 수밖에 없는 상황에 놓여 있기 때문입니다. 그래서 노동을 이데올로기적으로 찬양하는 것은 거부되어야 합니다. 노동은 그저 사회적으로 인간을 더욱 순응시키거나 혹은 통합시키기 위한 단순한 도구일 뿐입니다. 결국, 대다수 인간에게 노동은 자유나 고귀한 의미의 문제라기보다 '필연성'의 문제이고 생존의 문제입니다.

2. 하나님의 선물로서의 노동

① 그렇지만 인간은 노동을 통해 기쁨을 누릴 수도 있고, 일상에서 벗어나는 일이 인간에게 생겨나기도 합니다. 이는 예외적인 사건으로서 인간이 감사해야 할 하나님의 은총과 선물이라고 볼 수 있습니다. 말하자면, 하나님의 은총이 인간의 노동에서 뜻하지 않게 나타나는 행복인 것이지요. 그런 이유로, 우리는 노동을 해야만 합니다. 달리 말해, 노동이 유익해서가 아니라, 노동이 하나님의 선물이기 때문에 노동을 해야 한다는 말입니다(전도서 2:23-25).

② 인간은 노동을 통해 행복을 얻어야 한다고 생각하며 살아갑니다. 하지만 인간은 현실 속에서 힘들고 단조로우며

공허하고 반복된 노동을 경험합니다. 그런 모순은 인간의 비극 중 하나일 것입니다. 하지만 그 자체로 고통인 노동이 '부'(富)를 만들어내어 행복의 계기가 될 수 있음을 안다면, 그런 비극적 상황은 달리 해석됩니다. 그러나 '부'가 하나님의 선물이더라도, '부'를 획득하고 사용하는 데는 지켜야 할 원칙이 있습니다. 그러므로, 노동을 통해 '부'를 얻더라도 부당한 방법으로 닥치는 대로 '부'를 이루지 말아야 합니다. '부'를 얻는 경우뿐만 아니라 '부'를 사용하는 데도 사랑의 원리를 위반하지 말아야 한다는 것입니다.

3. 노동과 하나님의 소명

① 노동은 근본적으로 몹시 고된 일이고, 생존의 문제이며, '필연성'에 속합니다. 그럼에도 그리스도인은 노동 현장에 반드시 필요한 자유와 노동의 의미를 재발견해야 합니다. 또한 인간의 자유와 존엄을 위해 노동 세계의 '필연성'을 받아들이지 말고 거기에 맞서 투쟁을 해야 합니다. 그리고 노동 현장에서의 개혁을 위해 투쟁해야 합니다. 예수 그리스도 안에서 자유로운 그리스도인이 수행할 수 있는 다음 같은 세 가지 과업이 있기 때문입니다. 첫째, 노동 현장에서 노동이 의미를 갖게 만드는 것입니다. 둘째, 노동 현장에서 개인적인 발전과 창의성의 계기를 발견하게 하는 것입니다. 셋째, 노동을 통해 인간관계가 건전한 방식으로 맺어지게 하는 것입니다.

② 그럼에도 노동은 대가 없이 주어지는 은총이나 사랑에도 속하지 않으며, 아무 대가 없이 거저 주는 '무상 공여'에도 속하지 않습니다. 노동은 하나님이 생존을 위한 수단과 조건으로서 인간에게 부여한 것입니다. 그래서 인간에게는 생존에 절대 필요하기에 반드시 해야 하는 노동이 있지요. 그리고 하나님을 섬기기 위한 하나님의 부름인 '소명'이 있습니다. 그 둘을 혼동하지 말아야 맙니다. 결국, 그리스도인의 삶은 무의미한 노동을 하는 것 그리고 하나님의 소명을 구현하는 것, 그 둘 사이의 긴장 가운데 놓여 있습니다. 그런데, 그 둘은 서로에게 의미를 부여합니다. 하지만 늘 어려운 문제는 인간이 하나님의 소명을 구현하는 데에는 큰 장애가 있다는 사실입니다. 그 장애는 다름 아닌 인간이 참된 자유를 구현하기가 어려운 필연적인 노예 상태에 있다는 것입니다.

③ 인간은 참된 자유를 예수 그리스도 안에서 얻습니다. 완전한 인간으로서 예수 그리스도만이 유일하게 자유로운 인간이었기 때문입니다. 말하자면, 예수 그리스도만이 광야에서 '굶주림'과 '지배욕'과 '하나님의 신분 차지'라는 시험을 받지만, 그 시험을 완전히 이기셔서 완전히 자유인이 되십니다 (마태복음 4:1-11, 누가복음 4:1-13). 또한 바울은 성령에 의해 인도되는 자는 모든 것에 완전히 자유롭다고 우리에게 증언합니다(고린도후서 3:17). 결국, 그리스도인은 자기 자신을 얽매는 것으로부터 해방되어야 하고, 자신을 마비시키는 조건으로부터 해방되어야 합니다. 그런 참된 자유를 통해 그리스도인은 하나님께서 부여하

신 '소명'을 진정으로 구현할 수 있습니다.

ⓘ **생각 나누기**

1. 일터나 직장에서의 소위 '갑질'과 마주할 때 그리스도인으로서 어떻게 대처해야 할지 생각해 봅시다. '갑질'에 대해 예수 그리스도의 사랑으로 용서하면서 넘어가야 할까요? 아니면, '갑질'에 맞서 과감히 싸우면서 '갑질'을 없애기 위해 노력해야 할까요?

2. 자신의 직업이나 노동 가운데서 하나님께서 부여하신 소명을 이루려고 애쓰는 사람들이 있습니다. 자신의 직업이나 노동을 통해 그런 소명을 구현하는 것이 어떻게 가능할지 의견을 나누어 봅시다.

3. 일터나 직장 같은 노동 현장에서의 인간의 존엄과 자유를 찾기 위해, 그리고 노동 현장에서의 개혁을 위해 그리스도인으로서 투쟁할 수 있는 방법으로 어떤 것이 있는지 구체적으로 제시해 봅시다.

4. 만일 무의미한 노동과 하나님의 소명이 나누어져 있다면, 자신의 삶에서 하나님의 소명에 해당하는 것이 무엇일지 생각해 봅시다.

5. 대안학교인 거창고등학교의 '직업 선택 십계명'입니다. 각 항목에 대해 동의하는지 반대하는지 각자의 견해를 제시해 봅시다.

① 월급이 적은 쪽을 택하라

② 내가 원하는 곳이 아니라, 나를 필요로 하는 곳을 택하라

③ 승진의 기회가 거의 없는 곳을 택하라

④ 모든 조건이 갖춰진 곳을 피하고 처음부터 시작해야 하는 황무지를 택하라

⑤ 앞다투어 모여드는 곳에는 절대 가지 마라. 아무도 가지 않는 곳으로 가라

⑥ 장래성이 전혀 없다고 생각되는 곳으로 가라

⑦ 사회적 존경을 바라볼 수 없는 곳으로 가라

⑧ 한가운데가 아니라 가장자리로 가라

⑨ 부모나 아내나 약혼자가 결사반대하는 곳이라면 틀림없다. 의심치 말고 가라

⑩ 왕관이 아니라 단두대가 기다리는 곳으로 가라

참고 문헌

방선기. 『크리스천 직장백서』, 두란노서원, 2007.

이상민. 『자크 엘륄, 시대를 앞서간 사상가』, 도서출판 고북이, 2020.

자크 엘륄. 『원함과 행함』, 김치수(역), 도서출판 대장간, 2015.

_____. 『자유의 윤리 1』, 김치수(역), 도서출판 대장간, 2018.

_____. 『자유의 윤리 2』, 김치수(역), 도서출판 대장간, 2019.

_____. 『자유의 투쟁』, 박건택(역), 솔로몬, 2008.

_____. 『존재의 이유』, 김치수(역), 도서출판 대장간, 2016.

팀 켈러. 『팀 켈러의 일과 영성』, 최종훈(역), 두란노서원, 2013.

Ellul J. *Éthique de la liberté, tome I*, Labor et Fides, 1973.

_____. *Éthique de la liberté, tome II*, Labor et Fides, 1974.

_____. *Éthique de la Liberté, tome III : «Les Combats de la liberté»*, Labor et Fides, 1984.

_____. *La Raison d'être, Méditation sur l'Ecclésiaste*, Éditions du Seuil, 1987.

_____. *Le Vouloir et le faire: Une critique théologique de la morale*, La Table Ronde, 2013.

Gill W. D. "L'Importance durable de Jacques Ellul pour l'éthique des affaires" in *Comment peut-on (encore) être ellunien au 21e siècle?*, La Table Ronde, 2014.

4장. 사랑

참된 자유를 주는 사랑
───────────────
인간에게 참된 사랑은 어떻게 이루어지는가?

4장.   사랑

○   **생각 열기**

'사랑 그 쓸쓸함에 대하여'라는 대중가요의 가사를 본 적이 있나요?

다시 또 누군가를 만나서 사랑을 하게 될 수 있을까?
그럴 수는 없을 것 같아.
도무지 알 수 없는 한 가지 사람을 사랑하게 되는 일,
참 쓸쓸한 일인 것 같아...

아침에 눈을 뜨면 먼저 사랑을 확인해야 정신을 차릴 정도로 어떤 사람을 사랑한 적이 있나요? 그러다가 그 사람과의 사랑의 끈을 놓아버리면서 이 가사가 마음을 후벼 파고 들어온 적이 있나요? 오늘날 대중매체, 대중가요, 영화, 뮤지컬 등에서 '사랑'이란 단어는 흘러넘치고 또 넘칩니다. 오늘날 온통 '사랑'을 갈구하는 문구와 소리들은 역으로 우리의 삶 속에서 진실한 사랑을 찾기가 어려워졌다는 점을 보여주는 것이 아닐까요?

도무지 알 수 없는 사랑임에도 인간은 누구나 사랑을 하고 싶어 합니다. 국경이나 인종을 떠나서 분명히 사랑은 전 인류의 공통 주제이자 최대 관심사입니다. 성경의 주제를 단

한 단어로 요약한다면 아마도 사랑일 것입니다. 그렇다면 사랑은 무엇이며, 우리는 왜 사랑을 하고 싶어 할까요? 사랑이 무엇이길래 그토록 우리를 행복하게 하고 또 슬프게 만들까요?

이 세상에서 사랑이 가장 중요하고, 지금 내가 느끼는 것이 사랑의 전형이라고 강하게 확신할수록, 역설적으로 인간은 사랑의 모조품으로 더욱 깊은 실망과 허망함을 경험합니다. 모조품이 넘쳐나는 시대일수록, 인간은 사랑의 근원이신 하나님을 바라보아야 합니다(요한일서 4:7-8, 4:16). 그래야 사랑의 본질이 자신의 유익을 구하지 않고 자신의 생명을 내놓을 정도로 이타적인 것이고(요한복음 15:12-13), 자격이 없는 자에게도 겸손히 베풀고 돌보는 것이며, 늘 진실을 바라는 것이고, 오래 참고 믿고 견디는 것임을 배울 수 있게 됩니다(고린도전서 13:4-7). 하나님으로부터 오지 않은 온갖 자기중심적인 사랑에서는, 그리고 외적 조건과 인간의 욕망이 지배하는 사랑에서는 충만함과 자유와 안식을 경험할 수 없습니다.

● 　 생각하기

1. 참된 자유를 주는 사랑

　　① 초고도 기술 사회에서는 '사랑의 해체'라는 현상이 문제로 등장합니다. 즉, 현대 사회에서 참된 사랑을 쉽게 찾기가 어려우며, '사랑'이라는 단어만이 남아 있는 것처럼 보입니다. 사실 두 남녀의 사랑은 그 결합의 산물인 자녀에 대한 사랑으로 이어집니다. 하지만 오늘날 인간 복제, 시험관 아기, 인공수정, 대리모 등을 통해 인간은 생명의 탄생에 적극적으로 개입하기 시작합니다. 그런 개입을 통해, 육체적인 것, 생리적인 것, 영적인 것, 인간관계 등 사랑을 구성하는 포괄적 요소들이 해체됩니다. 그런 식으로, 남녀 사이의 사랑은 인격적 존재와의 상호교감에서 벗어나서, 자신의 유익을 위해 자유롭게 생식하는 권리를 포함하기 시작합니다. 이는 인간의 사랑을 인간의 원초적 행위 중 하나로부터 분리시키는 것을 의미합니다.

　　② 오늘날 인간의 생식은 점점 함께 나눈 기쁨의 산물도, 애정의 산물도 아니게 됩니다. 인간의 생식이 단순히 기계적이고 기술적인 행위로 한정될 위험이 커진 것입니다. 임신중절도 단절된 생명에 대한 최소한의 배려나 책임감도 없이 이루어지는 단순한 기술적 수술이 되어버립니다. 이는 도덕의 문제나 종교의 문제이기 이전에, 전인격적 인간 존재 개념을 부인하는 것입니다. 그런 맥락에서, 오늘날 성행위와 사랑이 동일

시되어, 사랑은 곧 성행위를 의미하는 것이 되고 맙니다. 심지어 일단의 현대인은 성행위 상대가 누구인지 상관없이 일시적 쾌락의 파트너로 충분하다는 식으로 생각하기까지 합니다. 하지만 사랑은 일시적인 것도, 시험적인 것도, 자유분방한 것도 아닙니다. 인간의 삶이 시작되고 유지되는 것은 오직 사랑에서 비롯되기 때문이며, 타인과 진실로 소통하며 관계를 맺는 것도 유일하게 사랑에서 비롯되기 때문입니다. 근본적으로 그러한 사랑의 관계 없이는 오늘날 인격적 존재가 세상에서 살아가기는 너무나 어렵습니다.

③ 사랑은 인자함, 자비로움, 진실함, 오래 참음 등 다양한 속성을 가지고 있으나, 오늘날 주목해야 할 한 가지 속성이 있습니다. 이는 참된 사랑이 자유 가운데서 공유된다는 것입니다. 사랑과 자유는 서로 분리될 수 없는 것입니다. 즉, 자유가 없는 사랑도 존재하지 않지만, 사랑이 없는 자유도 존재하지 않는다는 것이지요. 따라서 어떤 사람이 사랑을 하고 상대방의 사랑에 자유롭게 응하려면 진정으로 자유로워야 합니다. 어떤 도덕적 강요나 사회적 강요를 통해서도 사랑은 생겨날 수 없습니다. 그런데, 여기서 자유는 자기 멋대로 아무런 제약 없이 마음대로 행동하는 것을 의미하지 않지요. 의미와 목적이 없는 자유는 가치가 없기 때문입니다. 자유는 언제나 방향이 정해져 있습니다. 그리고 자유의 방향은 언제나 사랑을 시작하고 이행하며 지속시키는 방향입니다. 자칫 자유가 그러한 방향에서 이탈하면, 사랑은 반드시 광기가 되거나 혹은 타

인을 억압하게 됩니다. 이때 사랑의 대상은 자기만족의 도구가 되어버립니다.

④ 독점적으로 차지하거나 혹은 지배하려는 사랑은 주로 두 가지 형태로 나타납니다. 하나는 한 사람의 사랑 안에 상대방을 흡수하는 것입니다. 즉, 사랑이 너무도 강력한 독점욕으로 변하여, 상대의 존재와 자유를 구성하는 모든 것을 박탈하는 형태입니다. 다른 하나는 성애적(性愛的) 형태입니다. 이때 사랑의 대상은 단지 욕구의 대상에 불과할 뿐입니다. 즉, 그 대상은 개인적이고 독점적인 만족을 위해 이용된 대상일 따름이라는 것이지요. 사랑은 그런 것이 아닙니다. 참된 사랑은 차지하는 것이 아니라 주는 것입니다. 사랑은 삶 자체이기에, 주는 사랑만이 일생 동안 지속됩니다. 사랑이 그렇게 지속된다면 사랑하는 사람들 간의 경험이 서로 공유되고, 대립이 있을지라도 극복되며, 심지어 관계가 단절되었을지라도 회복됩니다. 그런 과정을 통해 사랑은 더욱 공고해지고 굳건해집니다.

2. 사랑의 다섯 가지 단계

① 평생 이어지는 사랑의 이야기는 이렇게 전개됩니다. 사랑의 첫 시작은 열정적인 사랑입니다. 이 사랑은 자극적이어서 사람을 흥분케 하고, 환희를 주는 가장 강력한 것입니다. 하지만 그런 사랑은 종종 강박적 집착으로 바뀔 수 있고, 의식의 영역을 온통 차지할 수 있지요. 이 시기에는 사랑이 성

애(性愛)와 쉽사리 혼동되고, 성애는 사랑과 분리되지 않습니다. 그와 동시에, 성애는 탐색과 기교를 통해 점점 다양화되며 섬세해집니다. 그래서 성애 자체에 사로잡혀 성애가 이끄는 대로 가버릴 위험이 있으며, 성애가 사랑을 압도할 수도 있습니다. 물론, 성애는 사랑의 실현이기도 합니다. 하지만 사랑을 성애와 혼동하는 것은 오히려 사랑을 파괴하는 결과를 낳을 수 있습니다. 따라서 더 깊은 사랑을 위해서는 사랑과 성애는 동일한 것이 아님을 인식해야겠지요.

② 열정적인 사랑이 지나간 뒤에는 책임을 지는 사랑이 옵니다. 사랑을 통해 삶 속에서 여러 책임을 떠맡을 때, 더 높은 사랑의 단계에 이릅니다. 사랑하는 사람들은 언제나 서로의 일에 대해 걱정하고 관심을 기울입니다. 그리고 두 사람의 삶에 대해 공동으로 책임을 떠맡게 됩니다. 그렇게 되면, 그들은 더욱 풍성하고 지속되는 사랑을 경험하게 되지요.

③ 이어서 사랑은 또 다른 새로운 시기에 이르게 됩니다. 즉, 사랑하는 사람들은 열정적으로 서로 융합되는 첫 번째 시기를 지나, 공동의 삶과 일을 함께 책임지는 두 번째 시기를 겪고 나서, 서로를 진정으로 인정하는 시기를 맞이합니다. 이 시기에, 사랑하는 사람들은 상대방과 깊은 존재론적 대화를 통해 상대의 이타성(異他性)을 인정함으로써, 사랑을 성숙시켜 갑니다. 그래서 사랑하는 사람들 간의 대화는 그들 각자를 위해 꼭 필요한 요소이며, 사랑 자체를 위해서도 대단히 중요한 것이

됩니다. 지속적인 사랑은 대화 없이 불가능하다는 것이지요. 그런 대화에서 기본적인 자세는 자기가 사랑하는 사람이 말하는 바를 진지하고 신중하게 듣는 것입니다. 그리고 상대에게 자신이 옳다고 생각하는 논리를 강요하지도 않고, 자기 생각과 계획을 주장하지도 않는 것입니다. 비록 자신이 알거나 혹은 믿는 것에 대해 굳게 확신하더라도, 상대가 말하는 바를 우선 받아들이는 것입니다.

④ 지속적인 사랑의 관계와 더불어 사랑은 더욱 성숙한 모습으로 변화하는데, 이때 사랑의 네 번째 시기가 옵니다. 이는 사랑하는 사람들이 더는 서로 분리될 수 없는 존재가 되어버리는 불가분의 사랑의 시기이지요. 사랑하는 두 사람은 수많은 유혹과 역경을 함께 극복해온 불가분의 존재로서, 둘 중 한 사람만이 홀로 남게 되는 상황을 생각조차 할 수 없게 됩니다. 서로는 그런 성숙한 사랑을 통해 상대방에게 완전히 집중하게 된 것입니다. 말하자면, 삶의 모든 순간이 상대방에게 바쳐지고, 온갖 관심사와 일을 함께 나누며, 모든 염려와 걱정거리를 공유합니다.

⑤ 사랑의 마지막 단계는 서로가 일치하는 사랑의 시기입니다. 실제로 그런 일치를 이루려면 함께 자고 함께 기뻐하는 것으로는 충분하지 않습니다. 지속적인 사랑의 성숙을 통해 완전하고 충만한 일치를 이루려면, 앞의 네 시기를 모두 거쳐야 합니다. 사랑하는 사람들은 함께 유혹을 극복하고, 함께

책임을 감수하며, 서로의 차이를 인정하는 시기를 거쳐야 합니다. 또한 대화를 통해 사랑하는 사람이 단지 옆에 있는 이방인이 아니라 불가분의 존재가 되고, 삶 속에서 일치를 이루어내는 과정을 거쳐야 합니다. 서로가 일치하는 사랑은 서로 간의 분리를 불가능하게 만들기 때문에, 때로는 비극적 결과를 일으키기도 합니다. 우리 대부분은 죽음이 서로에게 위협적으로 다가오는 인생의 막바지에 그런 사랑의 단계에 이르기 때문입니다. 그 순간에 두려움과 고뇌를 불러일으키는 것은, 자신의 죽음이 아니라 배우자의 죽음입니다. 배우자는 사랑이 불타오르는 때처럼 여전히 자신의 삶에서 가장 중요한 존재이기 때문입니다.

⑥ 사랑으로 일치된 관계 속에서는 필수적인 힘의 나눔 같은 특이한 나눔이 발생하기도 합니다. 즉, 한 사람이 몸이 약해져서 병에 걸리면, 다른 사람은 생각지도 않은 능력을 자신에게서 발견하게 됩니다. 비록 과거에는 자신이 약한 편인데, 배우자가 약한 상황에 놓이면 갑자기 예상치 않은 능력이 생긴다는 것입니다. 물론 배우자가 병에서 회복되고 나면 그런 힘은 다시 소진되어 버립니다. 간단히 말해, 사랑의 합일 관계는 한쪽이 필요로 하는 모든 것을 다른 배우자로부터 공급을 받게 됨을 의미합니다. 즉, 한쪽이 보호를 받을 수밖에 없을 때, 자연스럽게 다른 한 사람은 배우자를 보호할 준비가 되어 있다는 것입니다. 이는 일평생의 여정 가운데서 사랑을 통해 이르게 되는 마지막 단계입니다.

3. 인간과 하나님 사이의 사랑

① 그러한 다섯 가지 사랑의 시기를 거치는 사랑하는 사람들 간의 관계는 인간과 하나님 사이의 사랑에도 적용될 수 있습니다. 우선, 하나님의 계시와 부르심이 인간에게 임하면서 하나님께서 인간의 현실에 지속적으로 나타나시게 됩니다. 인간은 하나님의 그러한 나타나심이 자신의 존재 전체를 꿰뚫고 들어오는 뜨거운 사랑의 나날을 보냅니다. 그 이후에, 인간에게는 이제 자신의 개인적 구원이 중요한 것이 아니라, 그런 계시로부터 성취해야 할 소명이 중요해지는 시기가 옵니다. 이는 인간이 책임을 지는 시기이고, 주(主) 하나님께서 원하시는 온갖 종류의 일을 맡는 시기입니다.

② 그 시기를 넘어서면 '전적 타자'인 하나님의 이타성(異他性)을 인정하는 시기에 이릅니다. 이 순간, 하나님에 대한 지식이 극적으로 주어지기도 합니다. 그와 동시에, 지속적인 대화가 없어서 생기는 단절이나 혹은 낙담의 유혹이 갑자기 나타날 수 있습니다. 이어서 인간과 하나님 간의 불가분의 사랑의 시기가 옵니다. 즉, '전적 타자'인 하나님 없이는 인간은 자신조차 인식할 수 없게 되는 연합의 시기입니다.

③ 마침내 마지막 단계인 사랑으로 일치하는 시기가 옵니다. 이때 인간은 자신의 삶이 예수 그리스도 안에 있으며, 자아와 관련하여 자신이 죽을 수밖에 없다는 사실을 완전히 받

아들입니다. 일상적인 삶에서도, 하나님께서 침묵하실 때도, 기도가 응답되지 않을 때도, 하나님의 부재를 느낄 때도, 예수 그리스도와의 일치가 참된 사실로 남아 있습니다. 왜냐하면 인간 자신에게 일어난 모든 일은 하나님께서 현실적인 삶에 나타나심을 경험하고 난 후에 벌어지는 것이기 때문입니다. 비록 하나님의 나타나심이 현실에서 평생 단 한 번 경험하는 데 그칠지라도, 인간은 그런 계시와 승리 위에서 자신의 남은 생을 보내야 합니다. 그와 같이, 하나님과의 관계와 인간관계에서의 사랑의 발전과정은 유사합니다.

◐ 생각 나누기

1. 오늘날 젊은이들의 사랑의 시작은 무엇으로부터 출발한다고 생각합니까? 과거에 비하여 달라진 점이 있다고 생각합니까?

2. 여러분에게 사랑하는 애인이나 배우자가 있다면, 여러분은 사랑의 어느 단계에 와 있다고 생각합니까? 여러분이 사랑의 각 단계를 넘어서면서 경험한 교훈들을 서로 나누어 봅시다.

3. 여러분은 언제 하나님과의 사랑을 시작했으며, 그 과정은 어떠했습니까? 지금, 여러분은 하나님과의 사랑이 어느 단계에 도달하였다고 생각하는지에 대해 나누어 봅시다.

4. 한국과 같은 인구 절벽 상황에서 인간 복제, 시험관 아기, 인공 수정, 대리모 등과 같은 출산 방식에 대해 그리스도인은 어떤 입장이나 자세를 취해야 할지 생각해 봅시다.

◐   참고 문헌

자크 엘륄. 『개인과 역사와 하나님』, 김치수(역), 도서출판 대장간, 2015.

Ellul J. *Ce que je crois*, Grasset & Fasquelle, 1987.

5장. 여성

'여성적 가치'의 필요성

'여성적 가치'의 실현은 왜 필요한가?

5장. 여성

○ **생각 열기**

여러분은 수년 전부터 한국 사회에서 강하게 일고 있는 '미투' Me too 운동을 보면서, 이러한 운동이 과연 한국 교회에서도 일어날 수 있다고 생각합니까? 만약 여러분이 부정적인 대답을 생각하고 있다면 그 이유는 무엇입니까? 기독교가 가지고 있는 신앙 전통과 성경해석과 신앙 교리에서 여성을 부차적인 존재로 여겨왔기 때문에 그런 것일까요? 교회의 질서, 곧 가부장적 질서가 하나님께서 직접 창조하신 질서라고 믿기 때문일까요?

하지만 초기 한국 기독교는 차별 문화를 극복하는 데 상당한 노력을 기울였습니다. 예를 들어, 독립운동가 서재필은 여성 차별 문제를 지적하면서, 여성 권리 옹호와 반봉건주의를 주장하는 서구신학을 토대로 삼는 미국식 사회모델을 지향하도록 강조했지요. 또한 초기 한국 기독교는 조선 시대 여성들이 사회적 억압에서 해방되어 서구 여성들처럼 평등을 누리도록 여성 교육과 여성의 권리 회복을 위해 노력했습니다.

지금 한국 사회는 각계각층에서 여성의 지도력을 인정하면서 다양한 분야에서 여성이 법적, 제도적 지위를 확보하여 주어진 과업을 책임 있게 감당하도록 하고 있습니다. 하지만 한국 교회에는 오랫동안 지속되어 온 여성에 대한 차별 문화를 극복하기 위한 일에 등한시한 면이 있지요. 따라서 이제 우리는 한국 교회의 현실을 객관적 시각에서 살펴봐야 합니다. 교회의 모든 구성원은 하나님의 자녀이기 때문입니다. 또한 여성을 비롯한 약자들 한 사람 한 사람이 깨어지거나 실족하게 되면 결국 교회라는 신앙공동체는 위기를 맞게 되기 때문입니다. 그뿐만 아니라, 남성이 여성보다 더 중요하고 기독교적 인간에 가깝다고 보는 잘못된 시각이 존재하는 한, 교회는 건강성을 잃고 교회 내에서 권력을 가진 사람에 의해 피해를 보는 사람들이 계속해서 나올 수 있기 때문입니다.

그러므로 여성을 해방하는 예수 그리스도의 복음이 오히려 여성을 억압하는 구조로 왜곡되어 온 이중적인 차별 문화에 대해 반성하면서, 이제 그런 문화를 바꾸어야 할 때입니다. 오늘날 교회가 복음으로 사회를 변화시키는 일에 주역이라고 한다면, 교회는 성육신과 십자가의 지혜를 통해 남성중심적인 교회 조직을 넘어서 참된 복음의 해방과 평등을 선포해야 합니다. 참된 복음의 해방이란 인간의 근원적 열망인 자유와 존엄성과 개인적 비전을 실현하는 것이기 때문입니다.

● 생각하기

1. 성경에서의 여성

① 성경이 기록된 시대의 사회적, 문화적 환경에 비추어 볼 때, 성경은 특이하게도 여성에게 호의적인 위상을 부여합니다. 일례로, 창세기에 나오는 창조의 두 번째 이야기에서 아담 이후에 창조된 하와는 창조의 정점이 됩니다(창세기 2:21-23). 특히, 구약성경에는 여성이 상당한 위치를 차지합니다. 예를 들어 에스더와 라합의 정치적 역할, 수많은 여성 예언자들의 종교적 역할, 리브가의 역할, 이스라엘의 여성 사사들의 역할을 통해 그러한 사실을 확인할 수 있습니다. 그뿐만 아니라, 예수 그리스도의 족보에 여성들을 기록함으로써 거기에 여성의 위상을 반영시키는데, 이는 당시 시대상을 고려한다면 매우 놀라운 일입니다.

② 예수 그리스도께서도 남성과 마찬가지로 여성들을 받아들이시고, 여성들의 말을 경청하시며, 여성들을 치유하시고 구원하십니다. 물론, 예수 그리스도께서 남성들만을 열두제자로 택하시지만, 예수 그리스도의 핵심 집단 속에는 적지 않은 여성들이 있었지요. 특히, 예수 그리스도께서 자신의 부활을 여성들에게 가장 먼저 나타내십니다(요한복음 20:11-17). 그래서 그런지 수많은 여성이 부활에 대한 증인이 되며, 부활의 소식을 제자들에게 전한 것도 여성들입니다(요한복음 20:18). 여성들은

진정한 복음 전파자였던 것입니다.

③ 초대 교회에서 교회를 관리하고 보존하는 일에 결정적인 역할을 한 이들은 바로 여성입니다. 즉, 교회를 세우고 교회 사역의 중심을 잡아주며 진정으로 교회를 책임진 이들은, 바울이 자주 언급한 여성 선교사들과 여성 제자들입니다(로마서 16장, 골로새서 4장, 빌립보서 4장). 그녀들은 대개 영적 은사, 구제의 은사, 예언의 은사, 방언의 은사 등 각종 은사를 갖고 있습니다. 그러므로 여성들은 처음부터 교회 안에서 존중을 받고 표현의 권리를 누리며 남성과 평등한 지위를 지닌 것이지요.

④ 그와 같이, 초대 교회에서 남성과 여성은 동등합니다. 하지만 2세기 이후 교회가 점점 제도화되고 교리가 정비되면서 점차 체계화된 기독교 도덕이 만들어집니다. 그런데, 그런 기독교 도덕은 반(反)여성주의의 경향을 띠게 됩니다. 즉, 교회는 여러 분파주의와 대립하면서 보편교회를 추구한 결과 제약과 지배의 길을 택하기에, 자연스럽게 교회 안에서 여성의 위상을 도외시한 것이지요. 그리하여 교회는 여성에게 침묵하기를 강요하고, 여성의 순결에 더 높은 가치를 부여하며, 동정녀를 이상화함으로써 여성을 무력화시킵니다.

2. '남성적 가치'와 '여성적 가치'

① 20세기의 여성해방운동은 대부분 기독교 도덕과 부

르주아 도덕에 강하게 맞서는 것으로 나타납니다. 하지만 여성해방운동을 '여성중심주의' gynocentrism로 오해하여, 남성처럼 행동하며 남성적 역할을 구현하려는 의지와 더불어 남성에게 대항함으로써, 남성과 여성 간의 대립을 부추기는 경향이 생겨납니다. 즉, 여성해방운동은 시대의 다양한 요소와 상호 관련되는 '교차성' intersectionality을 간과하여 여성해방운동을 지나치게 단순화하게 됩니다. 그럼으로써, 여성해방운동은 단지 주변부의 여성이 남성과 동등해지며 여성이 사회에서 남성적 역할을 수행하려는 의지만을 드러내고 맙니다. 그 결과, 대부분의 여성해방운동을 통해 여성의 진정한 해방, 곧 예수 그리스도 안에서의 해방이 조금도 진척되지 않게 되지요. 그렇지만 21세기 여성운동은 계층, 인종, 성 정체성, 장애 여부, 교육 배경, 직업, 가정환경, 외모, 종교 등 다양한 구성요소와 상황에 따라 차별과 억압의 복잡성이 교차된다는 사실을 인식하기 시작합니다.

② '남성성'과 '여성성'이라는 개념은 엄밀하게 자신의 성별로 특징지어진 '남자'나 혹은 '여자'와 같지 않습니다. 달리 말해, 남자와 여자의 본원적 '본성'이란 존재하지 않기에, 남자나 여자의 유전자에 따라 전형적인 성격이 부여되고 결정되지 않는다는 것이지요. 그러나 오늘날 대부분의 사회에서는 일반적으로 성의 역할 분배가 있습니다. 그런 역할 분배는 심지어 남자 집단과 여자 집단에서조차 각각 대립된 행동과 감정과 가치로 나타나기도 합니다. 결국, 남자나 여자나 각자의 유전적 유산은 남성성과 여성성을 결정짓는 결정적 요인이 아닙

니다. 또한 유전적 유산을 통해 특별한 사회적 역할이 부여되지도 않습니다.

③ '남성성'과 '여성성'은 각각 유전적 유산의 결과이면서도 문화적 환경의 결과입니다. 여자는 '모성'이라는 소명 때문에, 생명의 가치관, 사소한 것을 존중하는 가치관, 약한 것을 배려하는 가치관 쪽을 더 지향합니다. 그 때문에, 여자는 사회·정치적 기능에서 무시됨으로써, 경쟁이나 힘과는 다른 토대 위에서 다른 가치관을 발전시키고 인간관계를 수립합니다. 특히 전쟁의 위험이든, 야수의 위험이든, 인간에 대한 자연환경의 공격이든, 원시 시대의 생활방식 및 근본적으로 위험한 역사 초기의 상황이 존재합니다. 그런 상황은 대체로 여자를 보호의 대상으로 놓음으로써 '남성'에게 권위와 지배의 위상을 부여합니다.

④ '남성성'과 '여성성'에 대한 그러한 관점으로부터, 소위 '남성적 가치'와 '여성적 가치'라는 두 종류의 가치를 구분할 수 있습니다. 그 둘은 지금까지의 역사적 경험으로 형성된 가치입니다. 하지만 그 둘은 앞으로 시대와 역사적 환경에 따라 다양하게 변할 가능성이 있는 가치입니다. 우선, '남성적 가치'는 힘, 지배, 권력 장악, 가장 대단한 것에 대한 추구, 정복 정신, 용기, 질서 같은 것입니다. 반면, '여성적 가치'는 사랑, 감수성, 가장 하찮은 것에 대한 보호, 상상적인 것, 선물 같은 것입니다. 그렇지만 모든 남자와 여자가 각각 해당하는 가

치로 분류되는 것은 아닙니다. 일례로, '여성적 가치'를 놀랍게 구현한 남자는 예수 그리스도이십니다. 예수 그리스도께서는 비폭력과 '비무력'[3]이란 '여성적 가치'를 통해 폭력을 중지시키십니다.

3. '여성적 가치'의 필요성

① 복음적인 가르침 전체를 '여성적 가치'와 연관 지어 다음 같은 일들로 나타낼 수 있습니다. 첫째, 하나님으로부터 오는 참된 사랑으로 현실의 잘못된 사랑을 대체하는 일입니다. 둘째, 섬기는 사랑인 '아가페'로 정복적인 사랑인 '에로스'를 대체하는 일입니다. 셋째, 섬김의 정신으로 지배 정신을 대체하는 일입니다. 넷째, 열려 있고 유연한 인간관계를 통해 지나치게 까다로운 법률 지상주의를 거부하는 일입니다. 다섯째, 행동을 중시하지 않고 마음을 중시하는 일입니다. 여섯째, '비무력'을 통해 폭력 정신을 진정시키는 일입니다. 일곱째, 남녀 간의 참된 사랑의 승리를 통해 성적 방탕을 제한하는 일입니다. 여덟째, 질서의 준엄함에 맞서 살아 있는 것의 유연함을 매사에 보존하는 일입니다. 그 모든 일이야말로 세상이 그리스도인과 교회로부터 기대하던 것입니다. 이는 사회 한가운데서 희생과 섬김의 고통을 치르고 얻는 '여성적 가치'를 구현한 것입니다.

---

[3] '비무력'(非武力)은 '무능력'(無能力)과 구분됩니다. '무능력'은 본래 힘과 능력이 없어서 힘과 능력에 의해 행동할 수 없는 상황을 가리킵니다. 하지만 '비무력'은 실제로 힘과 능력을 갖고 있으면서도, 이 힘과 능력을 쓰지 않겠다는 단호한 의지를 나타냅니다.

② 오늘날 새로운 환경을 통해 인격의 성숙과 다른 사람과의 참된 만남이 가능해집니다. 그런데, 그런 새로운 환경이 열리는 것은 '여성적 가치'와 관련된다고 볼 수 있습니다. 이제 여성은 현대 사회에서의 인간성 상실이라는 심각한 문제에 대한 해답을 갖고 있지요. 현대 사회에서의 '여성적 가치'의 구현은 인간의 생존과 보존을 위해 매우 절실하기 때문입니다. 또한 '남성적 가치'가 소유와 행동의 우위, 힘과 경쟁, 오만과 의지, 합리성과 양적 차원에 해당하는 반면에, '여성적 가치'는 존재와 말의 우위, 용서와 선함, 겸손과 직관, 감수성과 질적 차원에 해당하기 때문입니다. 지금 우리는 진정으로 정의로운 미래를 구현하려고 애쓰면서 진리가 선포되는 건강한 교회를 추구하고 있습니다. 하지만 그런 가능성은 '남성적 가치'를 '여성적 가치'로 대체하는 데 달려 있다고 봅니다. 한마디로, 오늘날 '여성적 가치'의 실현은 인간 모두에게 생사의 문제가 되어 버린 것입니다.

◐   **생각 나누기**

1. 거의 모든 것이 남성 중심으로 되어 있는 한국 교회의 구조와 시스템에 대해 어떻게 생각하는지 나누어 봅시다.

2. 초대 교회처럼 한국 교회 안에서 여성이 본래의 위상과 역할을 되찾는 방법이 무엇일지 각자의 의견을 제시해 봅시다.

3. 오늘날 현실 사회에서 '여성적 가치'를 구체적으로 어떻게 적용할 수 있을지 각자의 견해를 제시해 봅시다.

4. 성경적 관점에서 오늘날 페미니즘 운동의 문제점, 그리고 페미니즘 운동이 전개되어야 할 바람직한 방향에 대해 논의해 봅시다.

참고 문헌

이상민. 『자크 엘륄, 시대를 앞서간 사상가』, 도서출판 고북이, 2020.

자크 엘륄. 『뒤틀려진 기독교』, 박동열·이상민(역), 도서출판 대장간, 2012.

_____. 『자유의 투쟁』, 박건택(역), 솔로몬, 2008.

Ellul J. *Éthique de la Liberté, tome III : «Les Combats de la liberté»*, Labor et Fides & Centurion, 1984.

_____. *La Subversion du christianisme*, Éditions du Seuil. Labor et Fides, 1984.

_____. "Les Chrétiens et la guerre" in *Cahiers Jacques-Ellul n°2*(2004). Association Internationale Jacques Ellul, 2004.

6장. 동성애

동성애와 그리스도인

그리스도인은 동성애자를 어떻게 대해야 하는가?

6장.   동성애

○   **생각 열기**

여러분의 친구나 친척이나 주변 사람 가운데 동성에게 성적 매력을 느끼는 사람을 만나본 적이 있습니까? 아니면 여러분이 동성에게 정서적으로 성적으로 끌려본 경험이 있습니까? 물론 성적인 끌림은 그것이 음욕이나 부적절한 성적 행위로 전환되지 않는 한 죄가 아니라는 견해도 있습니다. 즉, 동성애적 성향과 동성애적 육체 행위는 구분되어야 한다는 것이지요.

동성애와 관련하여, 교회와 그리스도인이 동성애 지향을 지닌 이들을 향해 온전한 사랑을 보이지 못했다는 사실을 무엇보다 인정해야 합니다. 너무나 자주 그리스도인은 그들을 배제했고, 그들에게 수치감을 주었으며, 때로는 사람들이 그들을 향해 증오심을 표출할 때도 침묵하였습니다. 이는 "네 이웃을 사랑하라."(마태복음 19:19, 마태복음 22:39, 마가복음 12:31, 누가복음 10:27)라는 예수 그리스도의 말씀과 반대되는 태도이지요.

하지만 성경은 인간의 성(性)과 관련하여 분명한 하나님의 뜻을 표현하고 있습니다. 즉, 성(性)은 하나님으로부터 받은 축복이지만, 성행위는 결혼 관계 안에서 남편과 아내 사이에서만 이루어진다는 점입니다(마태복음 19:4-6, 잠언 5:18-20, 말라기서 2:14-15, 고린도전서 7:5-9). 또한 성경은 동성애 행위는 하나님의 뜻 바깥에 있다고 가르칩니다(레위기 20:13, 신명기 23:17, 열왕기상 14:24, 로마서 1:26-27, 고린도전서

6:9, 디모데전서 1:10). 물론, 그리스도인은 동성애자에게 겸손히 대하고 동성애자를 사랑의 대상으로 받아들여야 하는 관용을 지녀야 합니다. 그러나 그와 동시에, 그리스도인은 성(性)에 관한 성경적 윤리관을 지켜야 하는 의무를 지닙니다. 그리스도인은 그와 같은 관용과 의무 사이의 팽팽한 긴장을 그대로 안고 가야 합니다.

오늘날의 문화는 하나님의 형상대로 지음을 받은 인간(창세기 1:26)의 정체성을 오직 성적인 존재로 규정하도록 강요하고 있지요. 그런 상황에서 동성 간에 생겨나는 성적 지향이 자신의 정체성의 본질이라고 생각하는 것은 올바른 태도가 아닙니다. 성경적 관점에서 인간의 정체성은 성적 지향을 넘어서 자신의 가치, 꿈, 공동체, 믿음 등 복합적 요소로 구성됩니다. 특히, 그리스도인의 정체성은 무엇보다 그리스도인에게 가장 중요한 예수 그리스도와의 연합을 통해서만 확고히 세워질 수 있습니다.

● **생각하기**

1. 성경에서의 동성애

① 현대인은 간통, 집단 성행위, 동성애 등이 허용될 뿐 아니라, 외설적인 매체, 포르노 영화, 섹스 상점이 허용되는 사회에 살고 있습니다. 다시 말해, 현대인은 성적 문제에서 완전히 자유로운 사회에 살고 있지요. 예전에는 동성애가 미움받고 경멸당하며 조롱받고 축출된 것은 사실입니다. 하지만 실상은 동성애 문제가 그 시대의 풍속과 문화에 따라 다르게 해석된다는 것입니다. 즉, 시대의 관습과 풍속에 따라 사회도덕의 기준이 다르다는 것입니다. 예를 들어, 고대 그리스 도시국가 스파르타에서처럼 동성애가 적극적으로 용인된 사회도 있고, 이슬람 혹은 중세 유럽 사회처럼 동성애가 철저히 금지된 사회도 있습니다.

② 하나님께서는 인간을 위해 최선의 것이 무엇인지 아시며, 계시를 통해 인간에게 무엇이 최선인지 알려주십니다. 특히, 남자와 여자가 서로를 위해 존재하면서 서로 간의 온전한 관계가 완벽히 균형을 이룰 경우에만 개인과 사회는 존속할 수 있지요. 따라서 동성애는 결코 '성적 해방'이 아니라, 창조질서에 역행하여 개인적 욕망과 강한 쾌락을 추구하는 것입니다. 더구나 동성애를 조장하는 담론과 행위는 개인과 사회에 거짓과 고통을 가중시키는 것입니다. 그래서 구약성경은 동성

애에 대해 죽음으로 철저히 단죄합니다(레위기 20:13). 신약성경도 동성애와 관련하여 '여성 노릇을 하는 남자'(고린도전서 6:9)니 '바르지 못한 관계'(로마서 1:26) 같은 표현을 사용합니다. 동성애를 자연스러운 성관계, 곧 하나님의 자연적인 질서에 합당한 성관계를 부자연스러운 것으로 바꾼 행위로 단죄하는 것입니다(로마서 1:27).

③ 이처럼 성경에서 '성적 죄악'으로서의 동성애는 철저히 거부됩니다. 그런데, 그와 같은 '성적 죄악'에는 다른 죄악과 다른 특수한 면이 있습니다. 물론, '성적 죄악'이 다른 죄악보다 더 중한 것은 아닙니다. 하지만 다른 모든 죄악이 몸 밖에 있는 데 반해, '성적 죄악'은 몸 밖의 죄악이 아니라 몸 안의 죄악이라는 것입니다(고린도전서 6:18). 말하자면, '성적 죄악'은 인간의 몸과 연관되며 인간 존재와 관련되기에 인격 전체의 죄악이라는 점에서 특별합니다. 따라서 성적 타락은 인간 존재 전체의 타락입니다. 특히 염두에 두어야 할 것은, 성적 타락은 자신의 개인적 범위를 넘어서서 다른 사람과의 건전하고 진실한 관계를 파괴한다는 점입니다.

④ 한편, 그리스도인에게 '성적 죄악'은 그리스도인 안에 있는 성령을 훼손하는 행위이기에 더 심각하게 다루어져야 합니다(고린도전서 6:19). 그래서 신약성경은 '성적 죄악'에 대한 벌을 육체적인 것 이상으로 정하여 하나님 나라에서 제외되는 것까지 언급하고 있지요. 물론, 바울은 그런 지침이 본질적으로 그리스도인에게 해당하는 것임을 강조합니다. 성적 사랑은 인

간 존재 전체와 인간관계 전체와 관련되는 문제입니다. 그렇기에, 어떤 성적 타락이든 사랑 그 자체의 타락이 되고 맙니다. 그 때문에, '성적 죄악'이나 성적 타락은 하나님의 심판을 피할 수 없는 것이지요.

2. 동성애와 관련된 담론

① 동성애와 관련하여, 비판의 대상이 되는 것은 동성애 행위에 대한 정당화입니다. 즉, 동성애를 옹호하면서 젊은이를 동성애로 끌어모으는 행위가 문제라는 것입니다. 또한 동성애에 대한 편견에 맞서 투쟁하는 사람이 일종의 명예로운 군인처럼 혹은 인권 수호자처럼 소개되는 경향도 문제입니다. 성소수자 인권 보호 차원에서 동성애 및 온갖 성적 지향을 옹호하는 이들이 있습니다. 그런데, 그중 어떤 이들은 동성애 및 온갖 가족 형태로 인한 차별금지를 법제화하기를 주장합니다. 더 나아가, 그들은 동성애자의 결혼도 합법화하여 교회가 그런 결혼을 시행해주기를 주장합니다. 하지만 동성애자의 인권을 보호하는 것, 그리고 온갖 성적 지향과 가족 형태를 법제화하는 것, 그 두 가지 문제는 전혀 다른 차원의 이야기입니다.

② '차별금지법'은 근본적으로 사회적 차별이라는 문제에 제약을 가하는 데 주안점을 두는 것이 사실입니다. 왜냐하면 개인적 윤리관을 문제 삼으면 차별과 혐오의 개념을 어디까지 적용할 것인지 불분명해지기 때문입니다. 더구나 개인적

윤리관에 따른 발언이나 생각을 법적으로 처벌하는 것은, 현재 서구사회에서 종종 일어나듯이 결국 사상과 표현의 자유를 빼앗는 역차별을 일으키기 때문입니다. 인권 보호와 사상의 자유 간의 미묘한 충돌지점으로 인하여, 서구사회에서도 '차별금지법'이나 '동성혼' 문제는 시민사회에서만이 아니라 교회 내에서도 격한 대립을 가져오는 실정입니다.

③ 엄밀하게 말하자면, 동성애자들이 말하는 '성적 자유'와 '터부에서의 해방'이란 담론에서 개인적 욕망 외에 다른 것을 발견하기가 어렵습니다. 우리는 성적 일탈자에게서 언제나 도덕적이고 영적인 쇠약 상태와 결핍을 볼 수 있지요. 그런데, 이는 바로 정념에 불타는 탐욕에 집중한 데서 생긴 결과라고 볼 수도 있습니다. 성적 일탈자는 결국 자신을 제어할 수도, 통제할 수도 없으며, 다른 것을 선택할 수도 없게 됩니다. 마찬가지로, 동성애도 성(性)에 대한 우상 숭배에서 비롯된 정념에 불타는 탐욕에 의해 쉽게 지배됩니다. 따라서 성(性)을 무엇보다 가장 우선시하는 태도는 성(性)을 우상처럼 숭배하는 태도라고 볼 수 있지요.

④ 프로이트 Freud에 따르면, 동성애는 '성적 도착'이 아니라 인격상의 다른 '성적 지향'에 해당합니다. 그런 만큼, 동성애 같은 성적 일탈에 대한 폭넓은 책임이 있는 것은 바로 성(性) 본능의 발달에 가해진 사회적 제약이라는 주장이 나온 것입니다. 그리하여 오늘날 연구자들은 다양한 이론을 통해 동성

애를 과학적으로 설명하는데, 그 이론들을 통해 동성애에 대한 도덕적 비난이 무력화될 수 있습니다. 특히, 서구사회의 진보적 성(性)윤리 담론을 통해 동성애 비판자는 시대에 뒤떨어진 차별주의자로 여겨지기도 합니다. 그렇지만 그리스도인은 동성애에 대한 현재의 과학주의적 태도를 받아들일 수 없습니다. 결국, 기독교 윤리적 관점에서 동성애 같은 '성적 도착'은 단지 인간의 죄성을 드러내는 것이며, 이는 '교만'이나 '이기주의' 같은 하나의 죄의 형태일 따름입니다.

3. 동성애와 그리스도인

① 그리스도인은 동성애 같은 '성적 도착'이라는 죄 속에 갇혀있는 비(非)그리스도인에게 증오나 경멸을 드러내는 언행에 주의해야 합니다. 적지 않은 경우, 그리스도인은 삶 속에서 '성적 도착'이라는 죄를 저지르는 이들에게 가장 격렬하게 흥분하면서 그들을 신랄하게 비판하기 때문입니다. 하지만 우리의 의도와 다르게 우리가 던진 '말'이 우리 자신을 찌르는 '칼'로 변할 수 있다는 사실을 유념해야 합니다. 그뿐 아니라, 예수 그리스도께서 간통한 여인에게 행하신 것처럼, 그리스도인은 예수 그리스도의 사랑 안에서 그런 죄가 용서됨을 보여주어야 하고 알려주어야 합니다.

② 동성애와 관련된 계명이 하나님의 계시 안에 포함되어 있다면, 결국 그리스도인은 그 계명이 자신에게 전해진

것임을 명심해야 합니다. 그와 동시에, 그 계명은 자신이 그리스도인임을 고백하지 않는 이들에게는 보편적인 법이 될 수 없음도 인정해야 합니다. 신앙 안에 있는 사람들만이 하나님으로부터 오는 그 계명을 받아들일 수 있다는 것입니다. 따라서 그리스도인이 아닌 다른 이들에게는 그 계명이 여전히 불확실한 것으로 남아 있지요. 실제로, 오늘날 어떤 사회도 그 자체를 '기독교 사회'라고 내세우지 않기에, 그 계명이 보편적인 법으로 간주될 수는 없습니다.

③ 그리스도인은 복음을 전하기 위해 세상 사람들 가운데 부름을 받습니다. 그런데, 복음을 전하기도 전에 미리 세상에 속한 사람들의 행실이나 도덕을 단죄한다면, 사회적으로 불필요한 소요와 물의가 빚어진다는 사실에 유의해야 합니다. 또한 그리스도인이 복음의 이름으로 인간의 행실이나 도덕을 거부한다고 공표하면, 그 즉시 하나님의 은총에 대한 증언이나 선포 전체가 오직 행실이나 도덕의 내용이라는 문제로 집중될 수밖에 없음을 알아차려야 합니다. 따라서 그리스도인은 성경적 관점에서 사회적 행태와 도덕 문제에 대해 입장을 표명하되, 그 방식과 태도를 지혜롭게 선택해야 합니다.

④ 하나님의 계시가 도덕적 행실로 한정될 때, 복음의 내용 전체가 사라지고 하나님의 은총에 대한 증언은 불가능해집니다. 이는 이방 지역에 들어가면서 먼저 행실의 변화를 요구하고, 일부다처제나 나체 생활이나 동성애 문제에 집착하면

서, 기독교 도덕에 맞지 않는 풍습에 맞서 싸운 교회가 역사 속에서 되풀이한 실패입니다. 그러한 오류 속에서 교회는 영적 투쟁의 중심을 잘못 설정함으로써, 복음 전파가 불가능하게 되거나 왜곡된 복음을 전한 것입니다. 그래서 우리는 사도 바울이 취한 태도를 눈여겨보아야 합니다. "나는 율법이 없는 사람들을 대할 때에는 그들을 얻으려고 율법이 없는 자가 되었습니다. (…) 가능하다면 그들 가운데서 몇 사람이라도 구원하려는 것입니다."(고린도전서 9:21-22)

◎ **생각 나누기**

1. 여러분은 친구나 주위 사람 가운데서 동성애자를 만나거나, 간접적으로 그들의 삶에 대해 이야기를 들은 적이 있습니까? 그들의 이야기에 어떤 태도를 보였고, 어떤 이야기를 했습니까?

2. 만일 자신이 속한 교회에 동성애자가 있다면 그 사람에게 어떤 태도를 보이며 어떤 조언을 해야 할지 논의해 봅시다.

3. 동성애자 같은 성소수자나 퀴어문화축제 같은 성소수자 축제에 대해 일부 그리스도인이 가하는 격렬한 비판과 혐오적 언행에 대해 어떻게 대처해야 할까요?

4. 여러분은 온갖 성적 지향이나 온갖 가족 형태에 대한 '차별금지법'에 대해 어떻게 생각하시나요? 그런 '차별금지법'이 법제화가 될 때 어떤 결과를 가져올지에 대해서 이야기해 봅시다.

참고 문헌

자크 엘륄, 『원함과 행함』, 김치수(역), 도서출판 대장간, 2018.

_____. 『자유의 투쟁』, 박건택(역), 솔로몬, 2008.

Ellul J. *Éthique de la Liberté, tome III : «Les Combats de la liberté»*, Labor et Fides & Centurion, 1984.

_____. *Le Vouloir et le faire: Une critique théologique de la morale*, La Table Ronde, 2013.

7장. 이신론(理神論)

이신론(理神論)과 기독교 세계관

이신론(理神論)은 기독교 세계관을 대체할 수 있는가?

7장. 이신론(理神論)

○ 생각 열기

　　모든 것의 시작이 되는 창조를 믿고 전능하신 창조자인 하나님의 존재만을 단지 믿는 것, 그리고 그런 창조주인 하나님을 진실로 자신의 해방자이자 구원자로 받아들이며 믿는 것, 그 둘은 전혀 다른 이야기입니다. '이신론'(理神論) deism은 17세기 말 영국에서 시작하여 유럽 대륙과 당시의 신대륙인 미국에까지 번져나갑니다. 이신론이란 한마디로 하나님께서 이 세상을 창조하신 후에 세상이 그 나름의 법칙에 따라 움직여 나가게끔 하신다고 생각하는 것입니다.

　　그래서 이신론자들은 창조 세계를 경이롭게 바라보면서 이 정교한 우주를 설계하시고 창조하신 하나님을 생각합니다. 또한 그들은 그런 우주의 경이로움에 감동하며, 심지어 하나님께서 창조 세계에 부여하신 법칙을 찾아보려고 애씁니다. 창조 이후에 하나님께서는 이 창조 세계와 어떤 직접적인 관련도 갖지 않는다고 생각한 것이지요. 그래서 그들은 종교의 개입 없이도 이성과 자연에 대한 관찰만으로 하나님의 존재를 유추할 수 있다고 주장합니다. 더 나아가, 그들은 이 세상을 창조한 전지전능한 존재가 인간의 세계에 개입하지도 않으며 자신이 만든 자연법칙을 제멋대로 바꾸지도 않는다고 봅니다.

　　그러나 실제로 하나님께서는 그런 식으로 존재하시

지 않습니다. 오히려 하나님께서는 창조의 능력과 동일한 능력을 발휘하셔서 이 세상과 역사의 과정에 친히 간여하셨고, 또 지금도 관여하시고 있지요. 이를 전통적으로 '섭리' providentia, providence라고 불러왔습니다. 다시 말해, '섭리'란 하나님께서 '전능하고 항구적인 하나님의 능력', 곧 세상을 창조하실 때 사용하신 그 능력으로 창조 세계에 끊임없이 관여하시고 창조 세계와 관계를 맺으시는 것이라고 할 수 있습니다.

만일 '섭리'가 그러한 것이라면, 이신론자들은 '창조'는 믿되 '섭리'는 믿지 않는 세계관을 가졌다고 할 수 있지요. 그런 점에서, "이신론자들은 가슴속에 종교에 대한 깊은 갈망을 지닌 합리주의자들이었다."라고 표현한 영국 시인 존 드라이든 John Dryden의 표현은 옳다고 할 수 있겠습니다. 하지만 '창조'만 믿고 '섭리'를 믿지 않는 것은 근본적으로 하나님을 심각하게 오해한 것입니다.

사실상 이 세상은 그 존재의 시작에서만이 아니라 그 지속에서도 스스로 존재할 수 있는 것이 아니며, 늘 하나님께 의존해 있는 존재입니다. 이 세상은 결코 '자족적인' self-sufficient 존재가 아니라는 것입니다. 만일 한순간이라도 하나님께서 자신이 창조하신 피조물을 붙드시는 일을 하지 않으신다면, 이 창조 세계는 결코 존속할 수 없을 것입니다(히브리서 1장 3절). 단 한 순간이라도 말입니다. 이 세상에 있는 모든 것은 다 하나님께서 붙들어 주시는 대상입니다. 그런 의미에서, 이 세상에 있는 것들 가운데 하나님과 관련을 갖지 않은 존재는 아무것도 없습니다. 합리주의와 이성에 따라 그런 사실을 부인하는 이신론적 태도는 결국 현대 무신론의 또 다른 양상이라고 할 수 있지요.

● 생각하기

1. '이신론'(理神論)의 하나님

① 이신론에서도 절대적이고 초월적인 하나님의 존재를 인정합니다. 우주가 존재하는 이상 우주의 창조주가 있어야 하므로 조물주인 하나님이 존재해야만 한다는 것입니다. 이신론의 하나님은 우주를 창조하고 우주의 질서를 유지할 뿐, 인간사에 직접 간섭하지 않고 인간과 멀리 떨어져 있습니다. 따라서 이신론에서 하나님의 역할은 질서정연한 우주를 운행하고 세상을 유지하는 것입니다. 그와 같이, 이신론에서 하나님은 단지 인간의 숭배 대상으로서 아주 높은 곳에서 완전히 독립적으로 자비를 드러내는 고독한 주권자입니다. 그런 하나님은 인간에 대한 사랑과 열정이 없고, 인간의 운명에 무심한 존재이며, 지극히 높은 통치자나 지배자 같은 모습을 띠고 있습니다.

② 이신론에서는 예수 그리스도와 같은 메시아의 존재를 인정하지 않습니다. 지극히 높은 존재인 하나님이 성육신을 통해 인간이 되는 일은 있을 수 없다는 것입니다. 그래서 이신론의 하나님은 인간과 개인적인 관계를 맺을 수도 없고 인간에게 사랑을 베풀 수도 없기에, 기독교의 하나님처럼 역사 속에서 인간과 동행할 수도 없지요. 반면, 기독교의 하나님께서는 연약한 인간의 고통을 떠맡으시려고 성육신을 통해 인간의 몸을 입으시고 이 땅에 오셔서 인간의 삶과 역사에 관여하십니

다. 그분은 인간의 고통을 함께 나누심으로써 자비를 드러내십니다. 따라서 이신론의 하나님과 기독교의 하나님은 결코 같은 존재일 수 없습니다.

③ 이처럼 이신론에서는 하나님의 성육신과 예수 그리스도의 신성(神性)에 대한 거부가 근본 요소로 자리 잡고 있습니다. 시간과 공간을 초월한 하나님과 같은 영원한 존재가 시간과 공간 속에 제한된 유한한 존재인 예수 그리스도의 육체 속으로 들어올 수 없다는 것입니다. 다시 말해, 하나님은 예수 그리스도와 같은 미천한 인간의 형태를 띨 수 없다는 것입니다. 결국, 예수 그리스도는 인간들 가운데 특히 뛰어난 인간일 뿐, 변함없고 무한한 하나님일 수 없다는 것입니다.

2. 성육신과 악(惡)의 문제

① 세상에 악이 가득하고 인간이 악으로 인하여 고통을 받을 때에도, 이신론의 하나님은 인간사에 관여하거나 개입하지 않습니다. 이신론의 하나님은 세상을 창조한 뒤로 초연하게 물러앉아 세상이 합리적인 자연법칙에 따라 움직이도록 내버려 두기 때문입니다. 한편, 악은 하나님으로부터 분리된 인간이 하나님에게 맞서 쟁취한 독자성과 자율성의 산물입니다. 또한 악은 세상과 사회에서 준동하는 악한 영적 권세들의 활동에 의한 산물입니다. 그런데, 인간은 악한 영적 권세들에 사로잡혀 이 권세들이 제공하는 모든 것을 원하고, 하나님으로부터

분리된 독자적인 삶을 추구합니다. 결국, 세상에서의 악은 그렇게 타락한 인간의 자유로운 행동의 결과라고 할 수 있습니다.

② 하나님께서는 악한 영적 권세들에 사로잡힌 인간에게 다가오셔서, 인간이 놓인 악한 환경을 없애심으로써 인간을 악한 권세에서 해방하시려고 합니다. 따라서 악한 영적 권세들을 억제하고 인간을 보호하며 세상의 질서를 유지하려면, 사랑의 하나님께서 세상 가운데 존재하셔야 합니다. 만일 그렇지 않다면, 악한 권세들이 광분하여 무질서와 혼란으로 세상을 온통 지배할 것입니다. 성육신은 성자 하나님께서 절대적으로 전능한 존재가 누리는 모든 권능을 포기하신 사건입니다. 하나님께서는 죄와 악한 권세에 사로잡힌 인간을 해방하시려고 그러한 성육신을 통해 스스로 비천함의 길을 택하신 것입니다.

③ 물론, 이신론이 기독교 세계관을 대체하는 데는 분명히 한계가 있습니다. '계시 종교'로서의 기독교 세계관과는 양립할 수 없는 차이가 존재하기 때문입니다. 하지만 오늘날 일부 교회와 그리스도인이 자행하는 각종 부패 및 종교적 불관용과 독단의 모습이 대중매체를 통해 여실히 드러남으로써, 일반 사람에게 실망감과 환멸을 안기고 있습니다. 그런 상황으로 말미암아, 종교적 욕구를 갖고 있으나 기독교 같은 기성 종교에 실망한 일반 사람이 이신론에 매혹을 느낄 여지가 충분히 있지요. 말하자면, 이신론이 기독교 혹은 여타 기성 종교에 대한 비판적 대안으로 얼마든지 자리 잡을 수 있다는 것입니다.

◎ **생각 나누기**

1. 이신론의 하나님과 성경이 보여주는 하나님과의 차이가 무엇입니까? 구체적인 성경의 내용을 인용하여 이야기해 봅시다.

2. 현재의 기독교에서 드러나는 온갖 부패 및 종교적 독단과 불관용에 실망을 느낀 일반 사람이 빠져들 수 있는 이신론적 경향에 대해 나누어 봅시다. 이 경우, 그리스도인으로서 여러분은 그런 일반 사람에게 어떤 조언을 해줄 수 있습니까?

3. 합리적 이성을 사용하여 하나님의 진리를 찾는 데서 드러날 수 있는 한계에 대해 이야기해 봅시다.

참고 문헌

데스몬드 알렉산더 외 2인. 『IVP 성경신학사전』, 권연경 외 4인(역), IVP, 2020.

이상민. 『볼테르의 이신론과 기독교 비판에 대한 연구』, 서울대학교 박사학위 논문, 2018.

이승구. 『기독교 세계관이란 무엇인가?』, SFC, 2005.

자크 엘륄. 『요한계시록 주석』, 유상현(역), 한들출판사, 2000.

_____. 『이슬람과 기독교』, 이상민(역), 도서출판 대장간, 2009.

최용준. 『성경적 세계관 강의』, CUP, 2020.

Ellul J. *L'Apocalypse, Architecture en mouvement*, Labor et Fides, 2008.

_____. *Islam et judéo-christianisme*, Presses Universitaires de France, 2006.

8장. 술과 마약

술과 마약 그리고 그리스도인

그리스도인에게 참된 기쁨과 즐거움은 무엇인가?

8장. 술과 마약

○ **생각 열기**

다음은 2018년 국회에서 개최된 심포지엄에서 발표된 내용의 일부입니다. 이 발표 내용에 따르면, 청년의 삶에 음주 문화는 깊이 들어와 있으며, 청년의 음주율은 장년보다 오히려 높은 수준입니다.

> 대학생 5,024명을 대상으로 음주 행태를 심층 조사한 결과, 대학생 96%가 연간 1회 이상 술을 마셨다고 답하였고, 이들 중 한번 술을 마시면 10잔 이상 마시는 경우가 남자는 44.1% 여자는 32.8%에 달하였다. 보건당국의 분류에 의거하여, 주 2회 이상 음주하는 '고위험 음주' 비율은 남학생의 경우는 23.3%이고 여학생은 17.2%로 나타났다.

어떤 연구 결과에 따르면, 청년들이 음주하는 이유는 모임과 교제 때문이라기보다는 압박감이 있거나 심심한 일상을 이탈하고 싶기 때문이라고 합니다. 그래서 생일이나 기념일에 음주하는 것보다, 스트레스를 받을 때나 지루하거나 심심할 때 음주를 많이 합니다. 이를 통해, 현대인의 음주 습관이 개인의 심리적이고 영적인 공허와 허탈감을 채우려는 것으로 바뀌고 있음을 알 수 있지요.

특히, 오늘날 강요에 의해 술을 마시는 문화로부터 진목 모임이나 개인의 선호에 의한 술자리를 갖는 형태로 점점 변화하고 있습니다. 그런 현실에 비추어 볼 때, 그리스도인은 그런 술 문화에 스스로 빠져들지 않기 위해 술에 대한 입장을 분명하게 정리할 필요가 있습니다.

한편, 유명 연예기획사와 연예인이 연루된 일명 '버닝썬' 사건을 계기로 '마약 청정지대'라 자부하던 한국의 부끄러운 민낯이 여실히 노출됩니다. 통계상으로 지난해 단속된 마약류 사범이 1만 2천여 명에 이릅니다. '다크웹'[4]이나 '드롭'(물건을 던지고 가는 것) 같은 비대면 접촉 방식으로 마약을 구매한 비율도 지난 4년간 두 배 넘게 증가합니다. 그 정도로, 청년들은 마약에 너무 쉽게 노출되는 환경에 놓여 있습니다.

더구나 강한 환각작용을 주는 마약이 저렴한 가격에 제공되고 있는 현실은 마약에 대한 조기교육의 필요성을 보여줍니다. 국내에서 마약사범으로 일단 낙인찍히면 돌이켜서 회복될 수 있는 길이 잘 보이지 않는 실정이기 때문입니다. 그렇기에, 단 한 번이라도 마약에 손을 댄다는 것은 자신의 인생을 무척 위험하게 만드는 일임을 어릴 때부터 가르쳐야 합니다.

술과 마약은 심각한 중독을 불러일으킵니다. 그런 중독에 탐닉하는 밑바탕에는 마음속 깊숙이 자리 잡은 공허, 강

---

[4] '다크웹' Dark Web은 인터넷 접속을 하려면 특정 프로그램을 사용해야 하는 웹을 가리킵니다. 일반적인 방법으로 접속자나 서버를 확인할 수 없기 때문에 사이버 상에서 범죄에 활용됩니다. '다크웹'이라는 용어는 2013년 미국 FBI가 온라인 마약 거래 웹사이트 '실크로드'를 적발해 폐쇄하면서 알려집니다.

한 쾌락을 향한 욕망, 현실로부터 도피하려는 수치감이 있지요. 따라서 술과 마약에 빠져 헤어나오지 못하는 중독자에게 가장 효과적인 치료제가 있습니다. 그것은 바로 예수 그리스도께서 언급하신 '그의 배에서 강물처럼 흘러나오는 생수', 곧 예수 그리스도를 믿는 사람이 받을 성령입니다(요한복음 7:38-39).

● 생각하기

1. 성경에서의 술

① 술은 알코올 성분이 있어서 마시면 취하게 되는 모든 음료수를 통틀어 일컫는 말입니다. 성경에는 술이 무조건 먹지 말아야 할 것으로 나오지는 않습니다. 성경의 배경이 되는 당시 상황에서 술은 일종의 음료로 사용되지요. 때로 술은 육체적 질병과 정신적 문제가 있는 자에게 사용되기도 합니다(신명기 14:26, 잠언 31:6-7, 전도서 9:7, 디모데전서 5:23). 예수 그리스도께서도 가나 혼인 잔치에서 물을 포도주로 만든 기적을 행하실 뿐만 아니라(요한복음 2:1-11), 포도주를 마시기도 하십니다(마태복음 11:19).

② 하지만 노아와 롯의 경우처럼, 구약성경에는 술 때문에 야기된 불미스러운 사건들이 다수 기록되어 있습니다(창세기 9:20-21, 창세기 19:30-35). 그래서 성경은 술과 관련하여 여러 가지 권고와 경고를 빠뜨리지 않고 있지요. 즉, 자녀가 지혜롭게 살기를 바라는 부모는 술을 즐기는 자와 사귀지 말라고 권고하기도 하고, 심지어 술을 보지도 말라고 충고하기도 합니다(잠언 23:20-21, 잠언 23:29-35). 술에 얼이 빠져 있는 사람에게 재앙이 닥친다고 경고하기도 하며, 이웃에게 술을 퍼먹이고 취하게 하면 심판이 이른다고 경고하기도 합니다(이사야서 5:11-12, 이사야서 5:22, 하박국 2:15-16). 술을 마셔서 형제나 자매가 걸려 넘어지게 하지 말라고 권고하기도 하며, 술 취하는 사람과 함께 먹지 말라고 충고하

기도 합니다(로마서 14:20-21, 고린도전서 5:11). 술 취하는 사람은 하나님 나라를 상속받지 못한다고 경고하기도 하며, 술 취하는 것에는 방탕이 따른다고 주의시키기도 합니다(고린도전서 6:10, 에베소서 5:18).

③ 구약시대에는 여호나답의 후손인 레갑 족속처럼 하나님 앞에 경건하게 살고자 하는 이들은 아예 포도주를 마시지 않았습니다(예레미야서 35:5-8). 특히, 성별되어야 할 제사장이나 나실인이나 하나님의 일을 위해 특별히 택함을 받은 사람에게는 술이 엄격히 금지되었지요(레위기 10:9, 민수기 6:2-3, 사사기 13:3-4, 사사기 13:13-14, 잠언 31:4-5). 또한 신약성서에서도 감독이나 집사 등 특별한 직무를 맡은 사람은 술을 즐기거나 술에 탐닉하지 말아야 한다고 권고합니다(디모데전서 3:2-3, 디모데전서 3:8, 디도서 1:7).

④ 왕이 내린 술과 음식 앞에서의 술을 멀리한 다니엘의 자세는 본받을 만합니다(다니엘 1:8-16). 술은 분별력을 상실시켜 영적 타락을 가져오게 하기 때문이며, 행동거지를 방탕하게 하여 정신적 타락을 가져오게 하기 때문입니다. 술을 한두 번 먹다가 습관이 되면 몸이 병들고 정신이 황폐해져서, 육체적으로 정신적으로 심각하게 망가지는 경우가 많이 있습니다. 결국, 술은 육체적으로 정신적으로, 영적으로 해악을 가져오게 하는 매개체가 될 수 있다는 사실을 명심해야 합니다.

⑤ 그러나 술을 먹는 것에 대해 비판하거나 술 자체를 단죄하는 것은 올바른 자세가 아닙니다. 오락을 적절하게 통

제할 줄 모르는 사람은 오락을 즐길 자격이 없듯이, 술을 적당히 절제할 수 없는 사람은 술을 마실 자격이 없겠지요. 술을 절제하기가 힘들고 마침내 습관화되었다면, "술에 취하지 마십시오. 거기에는 방탕이 따릅니다. 성령의 충만함을 받으십시오."(에베소서 5:18)라는 말씀을 깊이 유념해야 합니다. 그렇다고 해서 술 문제 때문에 심한 죄책감에 빠지거나, 이 문제로 하나님과의 관계가 멀어지는 일도 결코 없어야 합니다(고린도전서 6:12-13, 고린도전서 6:19-20).

2. 마약과 관련된 문제

① 모든 인간 사회는 각각 자체의 마약을 갖고 있습니다. 예를 들어, 술과 담배도 서구에서의 일종의 마약이라고 볼 수 있습니다. 서구사회에서는 친구나 가족과 함께 식사 전에 식전주(食前酒)를 마실 수 있고, 식사 중에도 술을 마실 수 있는데, 그들의 문화에서 이는 비판받는 일이 아닙니다. 마찬가지로, 북아프리카 지역에서는 마리화나를, 서남아시아 일부 지역에서는 아편을 한 파이프를 피울 수 있지요. 그런데, 마약은 한 번 손을 대면 쉽게 멈출 수 없어서, 인간 사회에서는 언제나 마약의 남용으로 인한 마약 중독 문제가 발생합니다. 서구에 만성 알코올 중독자가 있듯이, 북아프리카에 지역에는 마리화나 중독자가 있으며, 서남아시아 일부 지역에는 아편 중독자가 있는 것입니다.

② 마약과 관련하여 고려해야 하는 것은 문화적이고 사회적인 맥락입니다. 다른 문화에 속한 마약이 이에 익숙하지 않은 사람들이 사는 어떤 사회 속으로 들어올 때 벌어지는 상황은 전혀 다르다는 것입니다. 예를 들어, 북아메리카 인디언에게 술은 끔찍한 피해를 일으키는 반면, 서구에서는 아편, 마리화나, 모르핀이 그러합니다. 하지만 인간은 마약이 주는 현실 도피라는 마력(魔力)에 쉽게 끌려들기에, 어느 사회나 문화이건 마약에 대해 완전히 취약하다고 할 수 있습니다. 그래서 문제의 핵심은 현실 도피를 위해 자리 잡은 마약이 결국 인간을 최악의 노예 상태를 만든다는 것입니다.

③ 어떤 마약이든 거기에 빠지면 이중적인 노예 상태로 전락합니다. 우선, 정말 끊기 어려운 헤로인이나 코카인 같은 '강성 마약'은 인간을 생리적 노예 상태로 만듭니다. 다음으로, 마리화나 마약 버섯 같은 '연성 마약'은 인간에게 환상과 놀라운 경험이라는 매력을 선사하여 인간을 심리적 노예 상태로 만듭니다. 생리적 노예 상태이든, 심리적 노예 상태이든, 마약에 의해 인간성은 짓눌리고 상실됩니다. 그러한 인간성 상실은 습관성 마약 중독에 의해 직접 일어나지만, 이로 인해 야기된 현실 도피를 통해서도 인간성 상실이 생겨납니다. 따라서 현실 인식과 자각을 거부하면서 자신과 자신의 삶 밖으로 도피하는 사람은 그 자체로 인간성이 상실된 존재라고 할 수 있지요. 그와 같이, 마약은 인간을 노예 상태로 만들며, 인간성 상실이란 결과를 생겨나게 합니다.

3. 마약 중독자와 그리스도인

① 그리스도인은 현실감을 잃게 하는 온갖 마약과 환각제를 거부해야 합니다. 더 나아가, 그리스도인에게는 인간을 노예 상태로 만들려고 둘러싸는 마약과 환각제를 사회에서 없애려는 의지가 있어야 합니다. 그렇지만 그리스도인은 마약에 대한 단죄가 마약 중독자에 대한 단죄가 아님을 명심해야 합니다. 다시 말해, 그리스도인은 마약 중독자에 맞서는 것이 아니라, 마약 중독자를 위해 마약에 대해 냉정한 태도를 취해야 합니다. 사실상 마약 중독자는 늘 도움을 호소합니다. 하지만 마약 중독자는 우정 어린 도움의 손길도, 아무런 이해의 눈길도 발견하지 못하기에 마약으로 도피하는 인간이 되고 맙니다.

② 그와 같이 마약 중독자가 우정에 굶주려 있을 때, 그리스도인은 이를 알고 있으면서도 돕지 못한 데 대한 책임이 있습니다. 마약 중독자는 노예이기에, 그리스도인은 마약 중독자에 대해 어떠한 거부도, 어떠한 도덕적 판단도 하지 말아야 합니다. 그 대신, 마약 중독자를 있는 그대로 받아들여야 하고, 그와 함께 있어야 하며, 그의 길동무와 대화 상대가 되어야 합니다. 그리고 예수 그리스도의 사랑으로 마약 중독자라는 노예에게 자유를 줄 수 있는 것이 무엇인지 찾아야 합니다.

③ 전도서는 잘 먹고 마시고 즐거워하며 가능할 때 기쁨을 누리라고 권고하는데, 이것도 하나님의 선물입니다. 기쁨

과 즐거움과 행복한 생활은 하나님의 선물이기에, 이것들을 소중하게 여겨야 하고 헛되이 낭비하지 말아야 합니다. 또한 하나님의 뜻과 반대되는 어떠한 것으로부터도 그런 기쁨과 즐거움과 행복을 이끌어 내지 말아야 합니다. 취하게 하고 즐겁게 하는 모든 것이 그 자체로 하나님의 선물일 수는 없습니다. 예를 들어, 단순한 기쁨과 즐거움을 위해 술과 마약에 빠지는 것은 하나님의 뜻이 아닙니다. 이는 세상과 세상에 있는 것을 사랑하는 것이기 때문입니다(요한일서 2:15-16). 참된 기쁨과 즐거움만이 하나님의 선물이기에, 그리스도인은 그런 참된 기쁨과 즐거움을 줄 수 있는 것이 무엇인지 판단할 줄 알아야 합니다.

◐ 생각 나누기

1. 그리스도인 가운데서 술 마시기를 즐기는 사람이 있다면, 그런 사람에게 어떤 식으로 조언을 할 수 있을지 나누어 봅시다.

2. 그리스도인 가운데 술 자체나 술 마시는 행위를 비판하고 단죄하는 사람이 있다면, 그런 사람을 어떻게 판단해야 하는지 생각해 봅시다.

3. 더 친밀한 인간관계를 맺고 더 돈독한 우정을 쌓기 위해서는 과연 술이 필요할까요? 특히, 식사 자리 같은 모임을 더 부드럽게 하고 화기애애하게 만들려면 술이 반드시 필요할지 의견을 제시해 봅시다.

4. 주변에 알코올 중독자나 마약 중독자가 있다면, 그리스도인으로서 그들에게 어떻게 조언하는 것이 효과적일지 자신의 생각을 이야기해 봅시다.

5. 우리에게 참된 기쁨과 즐거움을 줄 수 있는 것이 과연 무엇인지 각자 이야기해 봅시다.

참고 문헌

자크 엘륄, 『자유의 투쟁』, 박건택(역), 솔로몬, 2008.

_____. 『존재의 이유』, 김치수(역), 도서출판 대장간, 2016.

Ellul J. *Éthique de la Liberté, tome III : «Les Combats de la liberté»*, Labor et Fides & Centurion, 1984.

_____. *La Raison d'être, Méditation sur l'Ecclésiaste*, Éditions du Seuil, 1987.

9장. 이슬람

이슬람과 기독교
―――――――――――――――――
이슬람은 기독교와 어떤 관계가 있는가?

9장.   이슬람

○   **생각 열기**

　　2018년 한 신문사의 여론조사는 서구처럼 한국도 '이슬람포비아' Islamphobia 현상이 나타나고 있다는 사실을 보여줍니다. 종교를 구별하지 않고 '일반 난민'에 대한 입장을 물을 때는 '우호적 태도'(50.7%)가 '적대적 태도'(44.7%)보다 많았습니다. 하지만 질문을 '이슬람 난민'으로 좁혀서 제시할 때는 우호적 답변은 28.7%에 그쳤고, 적대적 답변은 66.6%나 되었습니다. 난민이 이슬람이냐 아니냐에 따라 큰 차이가 나타난 것입니다. 아마도 대중매체에 자주 등장하는 극단주의 이슬람 무장세력 IS 등의 영향으로 이슬람에 대한 선입견이 한국인에게도 크게 자리를 잡은 것 같습니다.

　　여러분은 전 세계 18억 인구가 믿는 이슬람교에 대해 얼마나 알고 있습니까? 이슬람과 유대교, 그리고 유대교에서 파생된 기독교는 서로 크게 다를 것이 없다고 생각하시나요? 실제로 여러분은 이미 우리 곁에 다가온 '무슬림'[5]과 깊은 대화를 나누길 원합니까? 만일 무슬림과 더불어 삶과 신앙에 관해 진지한 대화를 한다면, 그 대화를 어떻게 이끌어 나가고 싶은지요? 특히, 무슬림의 신앙과 비교하여 기독교 신앙을 어떤 식으로 설명하겠습니까?

---
5)　'무슬림'은 이슬람교도를 말하며, 이슬람의 신 '알라' Allah에 절대적으로 귀의한 자를 의미한다.

오늘날 한국인 무슬림 숫자는 6만 명에 이른다고 합니다. 현재 한국에 거주하는 외국인까지 합치면 한국의 이슬람교도는 2018년 기준으로 약 26만 명에 이른다고 하지요. 앞으로 빠른 속도로 그 숫자는 늘어갈 것으로 예상합니다. 이제 우리는 "무슬림은 테러리스트"라는 극단적 통념에서 벗어나서, 이슬람의 역사, 문화, 신앙체계, 사고방식 등에 대해 관심을 가져야 합니다. 왜냐하면 무슬림은 이미 우리가 함께 살아가야 할 이웃이 되었기 때문입니다. 또한 함께 살아가는 이웃에 대한 지식이 없으면 서로 오해를 낳고, 그런 오해를 통해 불신과 혐오가 생겨나기 때문입니다.

실제로 대부분의 무슬림은 자신들도 평화를 추구하면서 선한 삶을 실천하고자 애쓴다고 항변합니다. 따라서 그리스도인은 그들의 목소리에 귀를 기울이고, 그들의 친구가 되어주기 위해 관심을 쏟아야 합니다. 그것이 바로 진정한 선교의 출발점일 것입니다. 이제 무슬림과의 대화는 먼 미래에 일어날 일이 아니라, 현재 우리가 마주하고 있는 현실입니다.

● 　　생각하기

1. 이슬람과 기독교

①　이슬람과 기독교 사이의 유사성을 내세우는 세 가지 원리가 있습니다. 첫 번째 원리는 '아브라함의 자손', 두 번째 원리는 '유일신론', 세 번째 원리는 '책의 종교'입니다. 그 세 가지 원리를 구체적으로 이렇게 설명할 수 있지요. 첫째, 아랍인이 아브라함의 아들 이스마엘의 자손이므로 아브라함의 후손이라는 것입니다. 둘째, 이슬람과 기독교 모두 유일한 하나님을 믿는 유일신론의 종교라는 것입니다. 셋째, 두 종교 모두 '성경'과 '코란'이란 책에 기반을 둔 '책의 종교'라는 것입니다. 실제로 이슬람과 기독교의 모든 진리와 토대는 '성경'과 '코란'이라는 책에 들어있습니다.

②　현대 사회에서는 돈에 대한 갈증, 일에 대한 집착, 과도한 기술 문명, 조잡한 물질주의가 지배합니다. 그런데, 그러한 경향을 주도한 세력은 주로 서구 기독교 국가들입니다. 그래서 그런지, 역설적으로 오늘날 서구인은 이슬람 종교와 문화에 대한 관심과 호의를 급격히 표현하고 있습니다. 사실상 이슬람 사회에는 풍성한 문명, 심오한 인본주의, 생활에 깊이 뿌리내린 영적 신앙심이 있지요. 특히, 포스트모더니즘 시대에 무슬림이 보여주는 신앙의 절대성은 서구인의 마음을 뒤흔들고 있습니다.

③ 그러한 맥락에서, 서구인을 비롯한 많은 현대인이 위에서 제시된 세 가지 원리를 그대로 인정하고 받아들이는 실정입니다. 그러나 그 세 가지 원리를 기반으로 제시된 이슬람과 기독교 사이의 유사성은 오히려 이슬람과 기독교가 지닌 종교적 본질을 이해하는 데 혼란을 가져옵니다. 더욱이, 그런 유사성은 이슬람 문명과 기독교 문명이라는 두 문명에 대한 몰이해를 유발하기까지 합니다. 따라서 그 세 가지 원리는 반드시 재검토되어야 합니다. 과연 이슬람과 기독교는 원리상으로 같은 것인가? 아니면 두 종교는 전혀 다른 것인가? 만일 다르다면 두 종교 사이의 근본적인 차이는 무엇인가? 지금이 바로 그런 질문들에 정확히 대답하려는 시도가 반드시 필요한 동시에 중요한 시점입니다.

2. 아브라함의 후손

① 아브라함이 하나님으로부터 받은 약속과 축복의 의미는 무엇일까요? 아브라함은 아들을 얻게 될 것이고, 이 아들을 통해 모든 족속이 복을 받을 것이라는 약속을 하나님에게서 받습니다(창세기 12:1-3). 하지만 그 약속에서 중요한 의미는, 그가 아들과 후손을 얻는다거나 혹은 얻지 못한다는 사실 자체가 아닙니다. 아브라함이 하나님으로부터 받은 특별한 축복과 큰 민족을 이룬다는 약속의 의미는 이중적인 성격을 띱니다. 그중 하나는 "내가 하나님의 축복을 누구에게 전달할 것인가?"입니다. 그리고 다른 하나는 "하나님께서는 자신의 약속에 신실하

실 것인가 혹은 그렇지 않으실 것인가?"입니다.

② 하나님에 의해 정해진 때에 약속된 아들로서 이삭이 태어납니다. 그때부터 하나님의 축복과 약속이 근거를 두는 이는 바로 이삭입니다. 그래서 이삭은 이중적 성격의 약속을 지닌 존재입니다. 한편으로, 지상의 모든 나라가 이삭 안에서 축복받는다는 것입니다. 그때부터 그 아이는 현 세상 및 다가올 세상의 모든 민족과 관계되는 축복을 나르고 전달합니다. 이는 수천 년 후 이삭의 궁극적 후손인 예수 그리스도 안에 실현될 약속입니다. 다른 한편으로, 이삭은 하나님께서 인간과 함께 세우시기로 한 영원한 언약의 운반자이자 전달자가 됩니다. 그것 역시 예수 그리스도 안에서 성취된 언약입니다.

③ 따라서 누가 아브라함의 후손이냐는 것은 중요하지 않습니다. 또한 "우리는 모두 동등하게 아브라함의 후손이다."라는 표현도 별 의미가 없지요. 실제로 '아브라함의 후손'이란 표현은 유대인과 아랍인만이 관련되는 것이 아니라, 그리스도인과도 관련되어 있습니다. 그런데, '아브라함의 후손'이란 표현이 그리스도인과도 관련된다는 사실로부터 두 가지 문제가 제기됩니다. 하나는 명목상의 모든 그리스도인도 아브라함의 후손이라고 단순히 말할 수 있느냐는 것입니다. 다른 하나는 그리스도인과 아브라함 사이에도 일종의 직접적인 관계가 있느냐는 것입니다. 아무튼, "우리는 모두 아브라함의 후손이다."라는 선언은 아무 의미가 없습니다. 결국, 아브라함의 진짜

후손이 누구냐는 문제는 유대인과 무슬림과 그리스도인 중 누가 아브라함의 행위를 진정으로 실천하느냐에 달려 있습니다.

3. 이슬람의 '알라'와 성경의 하나님

① 하나님의 단일성은 그 자체로 열려 있고 자유로운 역동적인 단일성입니다. 성부 하나님, 성자 하나님, 성령 하나님께서는 서로 인격적 구분이 있지만, 완벽한 단일성과 동등함 속에 계십니다. 즉, 성부 하나님, 성자 하나님, 성령 하나님께서는 모순도 분리도 없이 '하나'이면서, 서로 의존하시고, 동등한 위격을 지니십니다. 그리고 삼위일체의 하나님께서는 친히 역사 속에서의 하나님이 되십니다. 이슬람의 관점에서, 그러한 하나님과 관련되는 기독교의 신관은 유일신론에 해당하지 않지요. 하지만 참된 하나님, 곧 살아 있는 삼위의 하나님께서는 신성(神性)을 가지시고 역사 속에 존재하시며, 자신의 인격을 통해 자신을 나타내십니다.

② 이슬람의 '알라'와 성경의 하나님 간의 차이는 '단일성'과 '초월성'이라는 두 특징을 통해 나타날 수 있습니다. 단일성의 관점에서, 이슬람의 '알라'는 엄밀히 말해 유일한 단일성입니다. 하지만 이는 '성부', '성자', '성령'이라는 성경의 하나님의 단일성 같은 존재론적 단일성이 아니라, 숫자상의 단일성입니다. 따라서 이슬람의 '알라' 자신 속에서는 어떤 형태의 구별과 구분된 관계도 있을 수 없습니다. 그 정도로, '알라'

는 자기 자신 안에서 '하나'인 것입니다. 그러한 이슬람의 신관에 따라 '알라'의 결정은 절대적이 되고, '알라'의 행동은 완전히 독단적이 됩니다.

③ '알라'의 초월성은 두 가지 차원에서 설명될 수 있습니다. 우선, '알라'는 인간에게서 무한한 거리를 두고 분리된 채로 있습니다. 이슬람의 신학은 '알라'가 인간을 향해 오는 어떤 형태이든 배제합니다. 즉, '알라'는 절대적으로 초월해 있다는 것이지요. 그와 같은 초월성 속에는 어떠한 성육신도 있을 수 없습니다. 반면에, 성경의 하나님께서도 초월적이시기는 하지만, 이 초월과 인간 사이에는 사랑을 통해 서로가 연결되어 있고 관계를 맺고 있지요. 다음으로, '알라'와 인간 간의 무한한 거리로 인하여 '알라'는 인간이 예견할 수 없는 독립적 방식으로 인간과 관련해 모든 것을 결정하고 행동합니다. 따라서 '알라'와 인간 사이에는 어떠한 만남도 접촉도 없다고 할 수 있습니다.

4. 성경의 하나님의 특성

① 성경의 하나님께서는 인간을 위해 자신을 비우시고 인간이 되시고자 천상의 영광과 위엄과 영원함을 포기하셨습니다. 그리고 순종과 겸손이라는 존재 방식으로 인간 속에서 하나님 자신이 인간이 되셨지요. 이슬람에서는 그렇게 자신의 신적 속성을 버리는 신이란 상상할 수 없고 이해되지 않습니

다. 그래서 이슬람은 성육신의 교리를 도저히 받아들일 수 없는 것입니다. 결국, 이슬람의 '알라'와 성경의 하나님 간의 차이점을 드러내려면 이렇게 해야 합니다. 우선, 성육신한 '예수 그리스도'로부터 하나님의 단일성과 초월성을 알아야 하며, 세상을 향한 하나님의 나타남이 무엇인지 알아야 합니다. 다음으로, '하나님'이란 개념을 성부 하나님으로 한정시켜 이해하지 말아야 합니다. 마지막으로, '예수 그리스도'라는 토대에서 시작하여 '예수 그리스도'를 통해 '하나님'이란 개념을 이해해야 하며 신앙 전체를 수립해야 합니다.

② 성경의 하나님께서는 절대주권을 가지고 행동하시기도 하지만, 하나님께서는 인간과 사랑의 관계를 맺으십니다. 진실로 하나님께서는 자신이 창조하신 인간 없이 존재하실 수 없는 분입니다. 자신이 사랑을 베푸시는 대상, 곧 자신이 창조하신 인간이 자신의 맞은편에 반드시 있어야 한다는 것입니다. 하지만 이슬람의 '알라'는 극히 초월적인 곳에서 완전한 독단 가운데 신자를 위해 자비를 드러내는 주권자입니다. 반면에, 성경의 하나님께서는 인간이 이 땅에서 당하는 고난을 마찬가지로 겪으시고(히브리서 2:18), 인간의 약함과 고통을 몸소 체험하시며(마태복음 9:36, 마태복음 20:34, 마가복음 1:41, 요한복음 11:33), 인간에게 사랑을 베푸시고, 인간의 삶에 구체적으로 관여하십니다. 한 마디로, 하나님께서는 인간의 고통에 함께하심으로써 사랑을 드러내시는 분입니다.

③ 예수 그리스도께서는 인간을 고아처럼 버려두지 않게 하시려고(요한복음 14:18), 또한 인간의 고통을 짊어지시려고 이 땅에 오십니다. 예수 그리스도께서는 이 땅에서 크게 두 가지 일을 하심으로써 인간의 고통을 담당하십니다. 우선, 인간의 수많은 병을 고치심으로써 직접 인간의 고통을 없애십니다. 다음으로, 세상의 혼란과 폭발하는 악의 세력 가운데 인간은 고통은 피할 수 없는 상황이기에, 예수 그리스도께서는 모든 고통을 직접 떠맡으십니다. 따라서 그리스도인은 자신의 고통을 통해 발견하는 의미나 혹은 고통에 부여되는 의미가 무엇인지 계시의 관점에서 이해해야 합니다. 성경의 하나님께서는 인간에게 하나님의 계획에 참여하기를 요청하시며 협력을 촉구하십니다. 그와 같이, 성경의 하나님은 고독한 주권자인 이슬람의 '알라'와는 무한한 거리가 있다고 할 만큼 '알라'와는 전혀 다릅니다.

5. 성경과 코란

① 성경과 코란의 첫 번째 차이는 성경과 코란의 기원과 관련됩니다. 코란은 충실하고 단순한 수용자인 마호메트라는 한 사람이 글자 하나하나씩 '알라'로부터 받아 기록한 것입니다. 반면에, 성경은 다양한 시대적 지층이란 토대 위에서 형성된 책입니다. 또한 성경은 수십 명의 저자가 기록하고 개편한 책이면서, 간혹 대대적으로 편집하여 이루어진 책입니다. 성경에는 복잡한 역사 이야기가 있지만, 성경은 방향이 잘 잡

힌 일치된 신학적 사상이 10여 세기에 걸쳐 펼쳐진 기록의 결과입니다. 성경은 하나님께서 말씀을 한 자 한 자씩 받아쓰게 하신 책이 아니라, 하나님의 영감(靈感)을 받아 기록된 책입니다 (디모데후서 3장 16절).

② 성경의 모든 권(卷)은 저자의 책임 아래 기록됩니다. 그래서 하나님과 인간은 진리를 전달하기 위한 파트너가 됩니다. 즉, 하나님께서는 인간에게 말씀하시고, 인간은 자신의 문화와 수단과 한계를 가지고 하나님의 말씀을 해석하여 그 말씀을 기록으로 전달하는 책임을 집니다. 따라서 저자가 아무리 충실하더라도, 본질적으로 '말씀'으로부터 '기록'으로 넘어간다는 한계가 있을 수밖에 없지요. 역으로, 성경을 읽는 인간은 그 '기록'을 다시 '말씀'으로 다시 변화시켜야 합니다. 그런 과정에서 성령 하나님이 개입하십니다. 그렇게 기록된 성경 텍스트가 새로이 말해질 때, 그리고 성령 하나님이 오셔서 다시 살아난 그 말씀에 진리를 보증하실 때, 마침내 성경은 하나님의 말씀이 될 수 있지요. 특히, 인간은 자신의 말과 삶에서도 진리의 전달자가 됨으로써, 하나님의 말씀을 다시 살아나게 하는 역할을 감당할 수 있습니다.

③ 성경과 코란 사이의 두 번째 차이는 성경은 역사책이라는 점에 있습니다. 성경은 인간과 함께하는 하나님의 역사입니다. 따라서 개인적 역사에서는 물론 집단적 역사에서도 인간과 동행하시는 하나님께서 행하신 일을 담은 책이 바로 성경

입니다. 물론, 하나님께서는 인간에게 파악되지 않는 초월자이시지만 그런 초월자로 머무시지 않습니다. 하나님께서는 인간에게 이해되시려고 역사의 시작부터 인간의 높이와 수준에 맞추시며, 인간에게 이해될 수 있는 방식으로 역사 속에서 자신을 나타내십니다. 성경에는 우리가 이해할 수 없는 모순들이 적지 않지요. 하지만 그 모순들은 아마도 하나님께서 어떤 문화나 삶의 방식을 지닌 인간에게 맞추시는 과정에서 생겨난 것입니다. 그렇게 인간의 역사와 함께하시는 하나님의 모험의 절정은 바로 예수 그리스도의 성육신입니다.

④ 자유로운 존재인 하나님께서는 어떤 식으로도 사랑을 강요하시지 않습니다. 성경과 코란 사이의 무한한 차이는 그 지점에서 생겨납니다. 사랑이 핵심 관건이 되지 않는 코란에서, 인간 앞에는 무한한 의무와 제약이 놓여 있지요. '이슬람'이란 용어는 '복종'을 의미하는데, 이 '복종'이란 개념은 코란에 온통 퍼져있지요. 결국, 기독교의 성경이 자유에 대한 약속과 자유에 대한 열림의 책이라면, 코란은 '제약'과 '결정지음'의 책이라고 할 수 있습니다.

◎ 생각 나누기

1. 코란에서도 예수 그리스도의 존재를 인정하고 예수 그리스도에 대한 존경을 표현하면서, 예수 그리스도께서 행한 기적을 예수 그리스도의 독특성으로 강조합니다. 이슬람에서의 예수 그리스도에 대한 그런 호의적인 평가가 무엇을 의미하는지 생각해 봅시다.

2. 이슬람은 기독교와 관련 있는 종교이며 기독교와 어떤 공통점이 있다는 주장이 있습니다. 그런 주장에 대해 자신의 견해를 제시해 봅시다.

3. 한국 사회에서 존재하는 '이슬람포비아' 혹은 '이슬람 공포증'에 대해 서로 의견을 나누어 봅시다.

4. 성부 하나님, 성자 하나님, 성령 하나님으로 이루어진 삼위일체설은 기독교에서 정말 이해하기 어려운 교리 중 하나입니다. 이 교리에 대해 각자 어떻게 생각하는지 이야기해 봅시다.

5. 성경에서 모순을 발견하거나, 성경의 내용이 잘 이해되지 않거나 받아들여지지 않을 때, 여러분은 어떻게 이 문제를 해결합니까?

참고 문헌

이상민. 『자크 엘륄, 시대를 앞서간 사상가』, 도서출판 고북이, 2020.

자크 엘륄. 『이슬람과 기독교』, 이상민(역), 도서출판 대장간, 2009.

한스 큉. 『한스 큉의 이슬람』, 손성현(역), 시와진실, 2012.

Ellul J. *Islam et judéo-christianisme*, Presses Universitaires de France, 2006.

10장. 정치

그리스도인의 정치참여

정치는 과연 우리의 문제를 해결할 수 있는가?

10장.   **정치**

○   **생각 열기**

　　여러분은 그동안 투표에 참여하고 정권교체와 변화무쌍한 정치적 변동을 지켜보면서, 민주주의 사회에서 살고 있다고 생각하고 있습니까? 그리고 정치가 정의와 자유를 실현시켜 주며 행복한 미래를 보장해 줄 것으로 생각하고 있는지요? 대량생산, 대량 소비, 도시화, 지능 정보화 등으로 지금 우리가 사는 사회는 급격히 변하고 있습니다. 이에 따라 인간과 인간의 존엄성은 조작 가능한 대상과 수단으로 점차 바뀌고 있는 현상이 나타납니다. 특히, 오늘날 우리는 효율성을 산출하지 않는 모든 것이 배제되는 상황 속에 있지요.

　　그와 같은 현실에서, 정의, 공정, 자유, 평등 같은 가치들이 정치 활동 속에 들어있으며 정치가 이 가치들을 구현한다는 주장이 나타납니다. 하지만 그런 주장은 사실상 커다란 위선과 허망함을 숨기기 위한 구호일 때가 많습니다. 말하자면, 우리는 다음 같은 온갖 위선이 자행되고 있음을 늘 목격합니다. 즉, '정의'와 '자유'와 '공정'이라는 이름으로 국민을 속이는 비인도적 정책과 더불어 자신의 정치적 진영의 이익만을 수호하는 위선입니다. 정책을 실행하는 정부가 보수이든 진보이든 이는 마찬가지입니다. 그래서 때때로 이상주의적 정치지도자나 일반인은 정치기술자들에 의해 혹독한 대가를 치르기도 합니다.

    오늘날 진실과 사실은 점점 의미를 잃고 있습니다. 대중은 자기가 듣고 싶은 말만을 듣기 원하고, 비교적 검증 장치가 있는 신문보다는 유튜브나 SNS를 통해 확증편향만이 깊어지는 실정이지요. 더욱이 정보통신기술이 아무리 발달하더라도, 다른 정치진영과의 소통은 점점 더 불가능해지는 모습이 나타납니다. 정당은 이미 '팬덤'[6]이 되어버린 지지 집단에 의해 휘둘리고, 정치인의 공약과 모든 활동은 기술전문가에 의해 결정되고 있는 것이 현실입니다. 특히, 소위 '광화문'과 '서초동'으로 나뉘어 자기 세력의 힘을 지나치게 과시한 현상은 정치가 종교화되어 버린 것을 극명하게 보여줍니다. 이제 정치 안에는 '신성한 것'이 들어앉아 있어, 그것을 문제 삼거나 비판하는 것을 지지 집단은 절대로 참지 못합니다.

    과연 정치가 우리의 문제들을 해결할 수 있을까요? 아니 정치란 무엇일까요? 정치는 단순히 투표하는 행위 이상의 것이 아닐까요? 이제 정치를 다시 규정해야 할 것 같습니다. 사실상 매일매일 우리의 선택이 정치와 직접 맞닿아 있다고 할 수 있지요. 오늘 내가 무엇을 먹고 입는지, 어떤 에너지와 교통수단을 사용하는지, 이는 모두 정치 활동에 속한 것으로 볼 수 있겠습니다. 어떤 정당을 지지할지, 누구를 뽑을지 고민하는 것보다도 매일 어떤 삶을 살아낼 것인지 고민하는 것이 진짜

---

6)   '팬덤' fandom은 특정한 인물이나 분야를 열성적으로 좋아하는 사람들 혹은 그러한 문화 현상을 가리키는 표현입니다. '광신자'를 뜻하는 '퍼내틱' fanatic의 '팬' fan과 '영지(領地), 나라' 등을 뜻하는 접미사 '덤' -dom의 합성어입니다.

정치적인 삶이 아닐까요?

● 　생각하기

1. 성경적 관점에서의 정치권력

① 정치권력에 대한 성경의 입장은 본질적으로 정치력에 대한 영원한 항거이며, 반(反)권력적이고 반(反)국가주의적입니다. 말하자면, 성경은 권력이나 지배를 지향하는 모든 것에 대해 문제를 제기하게 하며, '정치적인 것'에 대해 문제를 제기하게 합니다. 그럼에도 교회와 성직자들이 정치권력에 관한 성경적이고 복음적인 가르침으로서 제시한 것은, 정치권력에 대한 정당화 작업으로 뒤덮여 있지요. 그런 정당화 작업은 바울이 언급한 "모든 권세는 하나님으로부터"(로마서 13:1)라는 표현에서 비롯됩니다. 하지만 성경은 정치권력에 어떠한 정당성도 부여하지 않고, 오히려 정치권력을 근본적으로 문제 삼고 있습니다.

② 예수 그리스도께서도 모든 권력을 경멸하는 태도로 대하시고, 모든 권력을 거부하십니다. 그 권력이 어떠하든 권력을 근본적으로 문제 삼으신 것입니다. 예수 그리스도께서 받으신 두 번째 시험에서, 사탄은 예수 그리스도께 세상의 모든 왕국을 주겠다고 유혹합니다(마태복음 4:8-9, 누가복음 4:5-7). 이는 왕국과 정치권력이 사탄에게 속해 있음을 의미하는데, 예수 그리스도께서도 이 사실을 부인하지 않으십니다. 정치적 권세는 악마의 소유물이며, 권력을 가진 자는 악마로부터 권력을 받는다

는 것입니다. 국가나 정치 체제가 어떠하든 모든 국가의 수장은 백성을 압제하며, 압제하지 않는 정치권력은 있을 수 없습니다. 그래서 예수 그리스도께서는 정치권력이 정의롭지 않다고 판단하십니다.

③ 요한계시록에도 권력에 해당하는 모든 것과 모든 지배권은 하나님의 원수로 드러납니다. 하나님께서는 '큰 창녀'라고 불리는 정치권력을 심판하십니다(요한계시록 19:2). 여기서 정치권력은 전쟁과 동일시되고 붉은 말인 칼과 동일시됩니다(요한계시록 6:4). 로마의 이미지인 바벨론은 정치권력의 핵으로서 지상의 악 전체가 거기로 집중됩니다. 그리고 정치권력의 파멸이 단호히 예고되어 있지요(요한계시록 18장). 정치권력으로부터 어떠한 정의도, 진리도, 선도 기대할 수 없기 때문입니다. 또한 정치권력은 그리스도인뿐만 아니라 모든 의로운 사람을 파멸시키기 때문입니다. 그와 같은 요한계시록의 맥락에서의 유일한 해결책은 정치권력을 파괴하는 길뿐입니다.

2. 정치적 환상에서 벗어나는 길

① 국민에 의해 선출된 정치인이 관료를 움직이는 것 같으나, 정치인이 관료나 기술전문가에 의해 좌우되는 것이 실상입니다. 정치는 기술관료 체제 앞에서 무력합니다. 그러므로 정치에서 진정한 권한은 기술전문가에게 있고, 정치가는 기술전문가의 결정을 벗어날 수 없습니다. 기술관료나 기술전문가

에 의해 거의 모든 정책 결정이 미리 이루어지는 상황에서, 정치인은 무능하며 정치인이 실제로 할 수 있는 일은 매우 제한적입니다. 국민이 자기가 선출한 대표자를 통제한다고 믿는 것만큼이나, 국민에 의해 선출된 의원이 기술전문가를 통제한다고 믿는 것도 착각입니다. 게다가, '국민의 주권'이란 표현은 구호에 머무를 뿐, 그것이 실제로 작동한다고 보기가 어렵습니다. 우리는 보통선거를 통해 좋은 위정자를 선별하기가 어려우며 위정자의 행동을 통제할 수 없다는 사실을 종종 목격합니다. 그런데도 '국민의 주권'을 믿는 것은 정치적 환상일 따름입니다.

② 그렇다고 해서 탈(脫)정치를 옹호하지는 말아야 합니다. 탈(脫)정치를 옹호하다가는 국가의 지배력이 강화되기만 할 따름이기 때문입니다. 그래서 우리는 정치에 전혀 관심을 두지 않는 정치적 무관심이나 정치를 아예 하지 않는 비정치적 태도를 경계해야 합니다. 오히려 '국가주의'라는 괴물 앞에서 개인적이고 신앙적인 저항의 힘을 복원하는 것을 목표로 삼아야 합니다. 또한 '사회적 통합'이라는 미명하에 행해지는 온갖 전체주의적 시도에 맞서 '긴장'을 키워나가야 합니다. 그것이 바로 정치적 환상에서 벗어나는 길이기 때문입니다. 그리고 간혹 사람들에게 정치에 무관심해지도록 권유하는 것도 필요합니다. 이는 그들로 하여금 정치적 문제를 다른 관점에서 혹은 다른 각도로 파악하게끔 하는 길이기 때문입니다.

③ 그런 식으로 정치적 환상을 벗어난 '시민'[7]이 진정한 민주적 태도로 사회를 이끌어가는 것이 중요합니다. 이는 당파적 운동에 참여하기보다 삶의 살아가는 방식의 변화가 중요하다는 점을 시민들로 하여금 자각하게 함으로써 가능합니다. 그런 명철한 시민들이야말로 국가주의를 거부하고 거기에 대항하는 거점을 만들어낼 수 있습니다. 또한 국가주의에 맞서 저항의 중심이 될 지역 집단을 만들어낼 수 있지요. 그런 지역 집단은 국가주의와 대립할 수 있는 역량을 지닙니다. 따라서 그런 지역 집단은 국가의 압력과 통제를 거부하면서 국가에서 완전히 독립된 조직체와 단체가 될 수 있겠지요. 그런 종류의 집단이 형성될 수 있다면, 국가의 힘, 기술적 성장, 경제적이고 군사적인 경쟁과 관련하여 그것들에 대해 위협적 요인이 되거나 그것들을 약화시키는 요인이 될 수 있습니다.

3. 그리스도인의 정치참여

① 한 사회의 시민으로서 그리스도인은 정치에 참여해야 하고 다양한 정당에 참여할 수 있습니다. 즉, 이 사회의 정치적 문제도 그리스도인이 관심을 가지고 책임을 져야 할 영역

---

[7] '시민'은 민주 사회의 구성원으로 권력 창출의 주체로서 권리와 의무를 지며, 자발적이고 주체적으로 공공 정책 결정에 참여하는 사람입니다. 고대 사회에서 시민은 일종의 특권 계급으로 존재합니다. 또한 근대 사회에서 시민은 부를 축적한 부르주아 계급으로서 시민 혁명을 주도한 계층입니다. 그리고 현대 사회에서 시민은 대다수의 사회 구성원 전체를 의미합니다. 시민은 자발성과 비판적 사고와 합리적 의사 결정 능력을 갖추고 있다는 점에서 '대중'과는 대비되는 개념입니다.

에 속합니다. 물론, 그리스도인은 특정한 정치적 이념에 따라 활동할 수 있지만, 교회 전체가 정치적으로 특정한 입장을 취하지는 말아야 합니다. 따라서 그리스도인은 이념을 달리하는 다른 정당에 참여하는 형제자매에게 예수 그리스도에 대한 신앙이 정치적이고 이데올로기적인 선택보다 더 중요하다는 태도를 보여야 합니다. 왜냐하면 예수 그리스도에 대한 신앙은 그리스도인 형제자매와 자신을 연결하는 것이기 때문입니다. 이에 반해, 정치적이고 이데올로기적인 선택은 그리스도인 형제자매로부터 자신을 분리하는 것입니다.

② 그리스도인은 모든 사회 운동에도 참여할 수 있습니다. 특히, 그리스도인은 인간의 자유를 위해 투쟁하는 운동에 적극적으로 참여해야 합니다. 왜냐하면 사회가 살아갈 만한 곳이 되도록, 그리스도인도 모든 인간과 더불어 인간을 위한 자유를 구현해야 하기 때문입니다. 하지만 그리스도인은 그 운동에 절대적인 가치를 부여하지 않은 채 참여해야 합니다. 인간의 자유와 '예수 그리스도 안에서의 자유' 사이에는 어떤 연속성도 없기 때문입니다.

③ 교회는 구원받은 예언자적 공동체로서 정부가 사회 정의와 경제 정의를 추구하도록 지속적으로 권고하면서 도전을 주는 집단이어야 합니다. 하지만 '기독교 정부'를 세우겠다는 발상 자체는 하지 않도록 유의해야 합니다. 일종의 신정 정치로 회귀하는 것은 더는 적절한 정치 방식이 아니기 때문입니

다. 기독교적 정치 원리란 존재하기 않으며, 현대 사회에 적용할 수 있는 정치 제도는 성경에 명시된 바가 없습니다. 그렇지만 성경은 분명히 정치가에게 많은 부분을 가르쳐 줍니다. 즉, 성경은 권력을 적절하게 사용하고 공의를 추구하는 방법에 대해 가르칩니다. 그뿐 아니라, 성경은 이웃을 돌보며 이 세상의 자원을 책임감 있게 사용하는 삶의 방식에 대해서도 가르치고 있습니다.

◎　생각 나누기

1. 기독교에서의 정치권력에 대한 정당화 작업은 로마서 13장 1절에 나오는 "모든 권세는 하나님으로부터"라는 표현에서 비롯됩니다. 하지만 성경은 정치권력에 어떠한 정당성도 부여하지 않고, 오히려 정치권력을 근본적으로 문제 삼고 있지요. 그렇다면 바울의 그런 표현에 대해 어떤 식으로 해석해야 할까요?

2. 오늘날 한국 사회에서 정치적 방법으로 사회 문제를 근본적으로 해결할 수 있는지 각자의 의견을 제시해 봅시다.

3. 교회가 전체적인 국가에 대한 거부와 대항의 거점으로서 국가주의에 맞서 저항의 중심이 될 지역 집단이 될 수 있을지 논의해 봅시다.

4. 그리스도인의 정치참여는 어떤 식으로 이루어져야 하는지 각자의 견해를 제시해 봅시다. 특히, 한국 사회에서 기독교 성향의 극우적인 단체 혹은 극좌적인 단체의 집회와 시위에 어떤 식으로 대처해야 할지 생각해 봅시다.

5. 한국 사회에서는 좌파와 우파의 이념 대립과 갈등으로 말미암아 진영이 둘로 나누어져 있다고 이야기하기도 합니다. 그런 상황에서, 그리스도인이 정치적으로 자신과 견해를 달리 하는 그리스도인 형제자매에게 어떤 태도를 취하는 것이 바람직할지 의견을 나누어 봅시다.

참고 문헌

이상민. 『자크 엘륄, 시대를 앞서간 사상가』, 도서출판 고북이, 2020.

자크 엘륄. 『뒤틀려진 기독교』, 박동열·이상민(역), 도서출판 대장간, 2012.

_____. 『무정부주의와 기독교』, 안창헌(역), 도서출판 대장간, 2011.

_____. 『자유의 투쟁』, 박건택(역), 솔로몬, 2008.

_____. 『정치적 착각』, 하태환(역), 도서출판 대장간, 2011.

찰스 링마. 『자끄 엘룰 묵상집』, 윤매영(역), 죠이선교회, 2015.

Ellul J. *Anarchie et christianisme*, La Table Rondem 1998.

_____. *Éthique de la Liberté, tome III : «Les Combats de la liberté»*, Labor et Fides, 1984.

_____. *L'illusion politique*, La Table Ronde, 2004.

_____. *La Subversion du christianisme*, Éditions du Seuil. Labor et Fides, 1984.

Ringma C. *Resist the Power with Jacques Ellul*, Regent College Publishing, 2009.

11장. 민주주의

'법적 민주주의'의 한계

현실에서 '인간적 민주주의'의 수립은 가능한가?

11장.　　　　　　　　　　　　　　　　민주주의

○　생각 열기

　　기원전 5세기 고대 그리스인은 많은 도시국가에서 생겨난 새로운 정치 생활과 정치 행위에 이름을 붙이려고 '데모크라티아' demokratia라는 말을 사용하기 시작합니다. 어원적으로, '데모스' demos는 '국민'을 의미하며, '크라티아' kratia는 '지배 혹은 권위'를 의미하므로, '데모크라티아'는 '국민에 의한 지배'를 뜻합니다. 그런데, 그런 어원 자체는 생각해야 할 문제를 불러일으킵니다. 즉, 누가 '국민'의 구성원이 되어야 하느냐는 문제이며, '지배'라는 말은 과연 어떤 의미냐는 문제입니다. 더구나 규모가 작고 보다 참여적인 도시국가로부터 오늘날 비인간적이며 간접적인 거대 정부로 정치 제도의 규모가 확장됨으로써, '데모크라티아' 형태는 매우 복잡해집니다. 반면에, 원래 민주주의 사상에 들어있던 유토피아를 지향하는 사고는 크게 부풀려집니다.

　　오늘날 대부분의 국가 체제에 '민주주의'라는 이름이 들어가 있는 사실이 반증하듯이, 민주주의 사상은 보편적으로 인정되고 있습니다. 심지어 독재자도 자신이 행사하는 비민주적 지배 행위가 궁극적으로 민주주의로 향하는 필연적인 단계라고 할 정도로, 자신의 정통성을 얻기 위한 불가피한 요소로 '민주주의'라는 용어를 사용합니다. 따라서 지금은 유례없이 민주주의 사상이 전 세계를 휩쓸고 있는 시기라고 할 수 있지요.

하지만 민주주의는 다음 같은 다양한 측면으로 인시되고 있습니다. 첫째, 하나의 정치 제도라는 것입니다. 둘째, 권리들의 특정한 집합이라는 것입니다. 둘째, 사회경제적 질서라는 것입니다. 셋째, 어떤 바람직한 결과를 보장하는 체계라는 것입니다. 넷째, 집합적이면서 구속력 있는 결정을 이루는 독특한 과정이라는 것입니다. 그렇게 민주주의가 온갖 것을 의미하는 용어로 사용된다는 사실은 결국 아무것도 나타내지 않는다는 의미도 될 수 있지요. 즉, '민주주의'라는 단어가 어떤 특정한 의미를 지닌다기보다는 일반적인 사상을 모호하게 꾸며 놓은 단어에 불과할 수도 있다는 것입니다.

그럼에도 민주주의는 어떤 이상이면서도 실현 가능한 실재라고 할 수 있습니다. 만일 그렇다면, 어떠한 실제적인 체제가 그런 이상에 충분히 근접하여 민주주의로 정당하게 간주될 수 있는지에 대해 그리스도인으로서 판단 기준을 가져야 합니다. 그런데, 이는 그리스도인에게 사소한 문제가 아닙니다. 따라서 그 문제에 대해 교회 안에서도 다양한 경험적 논의가 필요하다고 봅니다. 왜냐하면 예수 그리스도를 통한 구원은 개인적 차원의 영적 혁신일 뿐만 아니라, 공적이고 사회적인 차원에서의 실천적 믿음을 반드시 내포하고 있기 때문입니다(마태복음 25:31~46, 누가복음 1:46~53). 또한 오늘날 세상과 사회는 그동안 교회에서 강조되지 않은 민주주의 가치와 공동선을 위한 복음의 실천을 그리스도인에게 기대하기 때문입니다(마태복음 5:16, 사도행전 2:42-47).

11장. 민주주의 147

● 　　생각하기

1. '법적 민주주의'의 한계

　　① 민주주의에 대한 다음 같은 일반적인 견해가 문제가 됩니다. 즉, 사람들이 어떤 정치적 유형을 원할 때 이것이 민주주의이고, 이 민주주의가 인간이 결국 바라는 정상적인 체제라는 견해입니다. 또한 민주주의는 필연적인 결과이고, 역사의 의미는 민주주의로 귀결되며, 민주주의는 저절로 만들어진다는 견해입니다. 그런 견해에 따르다 보면, 민주주의는 자연적으로 주어지고 결과적으로 얻어진 것이라고 무의식적으로 간주하게 됩니다. 하지만 실제로 민주주의는 각 '시민'이 요구하는 것이며, 각 '시민'이 매일 이루어 나가는 것입니다. 다시 말해, 민주주의는 각 '시민'이 언제나 다시 시작해야 하고, 다시 세워나가야 하는 것입니다. 만약 각 '시민'이 그렇게 원하지 않는다면, 기존의 민주주의 체제는 반드시 귀족정치 유형의 체제가 되고, 전제적 유형의 체제가 될 것입니다.

　　② 그와 같이, 인간은 민주주의를 반드시 원할 수밖에 없지만, 그와 동시에 "그런 민주주의가 어디에 있는가?"라는 의문도 제기됩니다. 물론, 예전에 일어난 여러 변화를 통해 민주주의가 변모하고, 민주주의적 목표가 더 깊어진 것은 사실입니다. 역사적으로 비록 민주주의는 가장 피상적인 수준에서 출발하지만, 이제 깊은 수준에 도달한 것입니다. 말하자면, 처음

에 민주주의는 순전히 법적이고 정치적입니다. 그래서 초기 민주주의에서의 쟁점은 헌법, 중앙 권력 조직, 법과 법정, 인권, 권력 분립, 적합한 선거 제도, 정당 구조 등과 같은 제도와 주로 관련된 것이지요.

③ 하지만 그 모든 것은 정말 피상적이어서 민주주의를 결국 보장하지 못합니다. 왜냐하면 제도는 어떤 사회·경제적 구조의 표현이어야 하기 때문입니다. 특히, 사회가 그 자체로 민주주의적이 아니면 제도는 아무 소용이 없습니다. 그런 상황에서는 민주주의가 존재하지 않게 되며, 민주주의적 담론은 가식과 환상에 지나지 않게 됩니다. 결국, '법적 민주주의'는 하나의 출발점이었으므로, 민주주의는 '법적 민주주의'를 넘어서야 했고 다른 차원에서 설정되어야 했습니다.

2. '인간적 민주주의'의 필요성

① 인간은 '법적 민주주의'를 넘어서 '사회적 민주주의'와 '경제적 민주주의'를 추구합니다. '사회적 민주주의'를 추구한 결과, 환경의 평등화, 안락한 시설의 확산, 하급자의 급여 인상, 급여 차이의 축소, 국가를 통한 급여의 재분배, 모든 종류의 안전의 제도화, 교육의 확산, 교육의 민주화, 건설적인 대중문화와 여가, 모두에게 알맞은 주거 등으로 방향이 설정됩니다. 하지만 사람들은 그러한 '사회적 민주주의'도 더 깊고 단단한 토대 위에 세워지지 않으면 무한히 취약하다는 것을 인식

합니다. 따라서 '법적 민주주의'가 '사회적 민주주의' 없이는 아무것도 아니듯이, '사회적 민주주의'도 '경제적 민주주의' 없이는 아무것도 아니게 됩니다.

② 그와 같이, '법적 민주주의'는 '사회적 민주주의'로 귀결됩니다. 마찬가지로, '사회적 민주주의'는 '경제적 민주주의'를 요구하고 '경제적 민주주의'로 귀결됩니다. 물론, 위에서 열거된 '사회적 민주주의'가 지향하는 것들이 이루어지면, 평범한 사람도 경제활동에 더 폭넓게 참가하게 되며, 사회에서 자신의 힘을 더 키우게 됩니다. 반면에, '경제적 민주주의'가 이루어지지 않으면 그 모든 것이 쉽게 위태로워질 수 있습니다. 그 때문에, 대규모 경제적 결정, 기업 경영, 생산 방향, 고용 수준, 국가 수입의 재분배에 대한 '시민'의 참여가 필요합니다.

③ 민주주의 정치 제도는 자유와 평등으로 저절로 귀결되지 않으며, 민주주의 정치 제도를 통해 '경제적 민주주의'가 필연적으로 이루어지지는 않습니다. 마찬가지로, '경제적 민주주의'는 '인간적 민주주의'로 저절로 귀결되지 않으며, '경제적 민주주의'를 통해 민주주의적 인간이 필연적으로 만들어지지는 않지요. 오늘날 '인간적 민주주의'를 수립하는 것, 그리고 '인간적 민주주의'에 상응하는 인간을 기대하는 것은 '경제적 민주주의'를 만들어내는 것보다 훨씬 더 어렵습니다. 그 때문에, '인간적 민주주의'는 '시민'의 깊은 변화를 필요로 합니다. '시민'이 안전과 삶의 안정과 복지 증대에만 관심을 쏟으면

서 효율성이란 강박관념에 사로잡혀 있는 한, '인간적 민주주의'에 대한 어떠한 기대도 품지 말아야 합니다. '인간적 민주주의'는 '시민'의 진정한 회심을 필요로 하는데, 이는 진정한 삶과 관련된 가장 깊은 차원으로의 회심입니다.

◎   생각 나누기

1. 법적 민주주의, 사회적 민주주의, 경제적 민주주의, 인간적 민주주의 가운데서 한국 사회는 어떤 종류의 민주주의를 지향하는 것이 바람직할 지 각자의 견해를 말해 봅시다.

2. 만일 한국 사회가 아직도 법적 민주주의라는 초기 민주주의 단계에 머물러 있다면, 그리스도인으로서 사회적 민주주의를 한국 사회에 도입하기 위해 어떤 노력을 기울여야 하고 어떠한 시도를 해야 할지 나누어 봅시다.

3. 다음 같은 주장에 대해 그리스도인으로서 어떻게 생각하는지 의견을 제시해 봅시다.

> '법적 민주주의'가 '사회적 민주주의' 없이는 아무것도 아니듯이, '사회적 민주주의'도 '경제적 민주주의' 없이는 아무것도 아니다.

4. 자유민주주의에 대한 다음 같은 비판에 대해 그리스도인으로서 어떤 판단을 내려야 할지 생각해 봅시다.

> 자유롭다고 선언된 인간에게 그의 자유를 실행할 효과적인 수단이 없다면 자유는 아무 소용이 없다. 자유민주주의는 자본가들이 자유롭게 행동하게 내버려 두듯이, 자유민주주의는 '사회적 힘'이라는 도구를 지닌 이에게 자유로울 따름이다.

참고 문헌

로버트 달, 『민주주의와 그 비판자들』, 조기제(역), 문학과 지성사, 1999.

자크 엘륄, 『마르크스 사상』, 안성헌(역), 도서출판 대장간, 2013.

_____. 『정치적 착각』, 하태환(역), 도서출판 대장간, 2011.

Ellul J. *L'illusion politique*, La Table Ronde, 2004.

_____. *La pensée marxiste*, La Table Ronde, 2003.

12장. 폭력

폭력과 그리스도인

그리스도인은 폭력에 대해 어떤 태도를 취해야 하는가?

12장. 폭력

○ **생각 열기**

우리는 전쟁, 내전, 폭동, 집단 학살 등의 대규모 폭력뿐만 아니라, 일상생활에서 일어나는 언어폭력, 아동학대, 성폭력, 학교 폭력, 범죄 집단의 폭력 등과 같은 다양한 폭력을 경험하고 있습니다. 또한 인간의 잠재성 실현을 억압하는 온갖 구조에 의한 '구조적 폭력'과 이 '구조적 폭력'을 정당화하는 '문화적 폭력'도 겪고 있지요. 이처럼 폭력 문제는 역사 전체에서뿐만 아니라 현대 사회에서도 엄청난 비중을 차지합니다.

그럼에도, 폭력 사건이 발생한 시기에만 폭력이 문제가 될 뿐, 폭력이 인류 공존의 최대 장애물로 심각하게 여겨지지 않고 흔히 주변 문제로 밀려난 것이 사실입니다. 이는 인류가 폭력이 난무한 중세로부터 평화가 정착된 근대로 이행했다는 착각에서 비롯된 것은 아닐까요? 그래서 독일 출신의 정치철학자 한나 아렌트 Hannah Arendt는 폭력과 현대 사회의 관계에 대해 세 가지 사실을 지적합니다.

첫째, 폭력은 '비합리적' 행위 혹은 '짐승 같은' 행위가 아니라, 지극히 '인간적인' 현상이라는 것입니다. 심지어 폭력을 악마화하고 타자화하는 것은 실제로 벌어지는 폭력의 편재성(遍在性)을 보지 못하게 함으로써, 폭력이 만들어지는 구조적, 문화적 조건을 재생산하게 만든다는 것입니다.

둘째, 집단적 폭력은 결코 일시적인 충동 행위만을 의미하는 것이 아니라, 집단을 결속시키고 친밀함과 연대를 촉진하는 사회적 기능을 갖고 있다는 것입니다. 다시 말해, 분쟁을 벌이는 집단 간의 투쟁과 폭력은 분열시키는 효과뿐만 아니라 통합시키는 효과도 가져온다는 것입니다.

셋째, 집단적 폭력에 참여하는 일은 종종 새로운 공동체와 새로운 인간의 탄생에 대한 열망을 내포한다는 것입니다. 즉, 폭력은 투쟁 속에 연루된 개개인의 행위에 대해 그 목적과 정체성을 변화시켜 버린다는 것입니다. 그와 같이, 현대 사회에 존재하는 폭력의 실상에 대한 아렌트의 분석은 매우 날카롭습니다.

현대 사회에서는 발전된 폭력 기술, 강화된 행동주의, 사회공학적 통제가 인간의 통제력을 벗어나 독자적인 힘으로 발휘되고 있는 실정입니다. 그런 상황에서, 창세기에 나오는 대홍수 이전의 사회처럼(창세기 6:11-13) 오늘날 폭력은 우리의 삶 속에 깊이 작동하고 있습니다. 그리하여 공동선의 실현과 자유의 구현이 점점 허구적인 이상처럼 우리에게서 멀어져 가는 것 같습니다. 하지만 하나님께서는 폭력을 미워하십니다(시편 11:5). 그런 하나님의 자녀인 그리스도인은 기만적인 폭력적 현실을 절대 받아들이지 말아야 합니다(시편 7:16). 폭력에 대한 그리스도인의 그런 자세야말로 평화와 공동선을 향한 출발점이 될 것입니다.

● 생각하기

1. 대응 폭력과 공권력

① 우리 주위에서 폭력은 언제나 광범위하게 새롭게 벌어집니다. 특히, 경제적이고 심리적인 폭력이 일반화되고 있습니다. 즉, 광고나 혹은 선전의 집중 공세, 사회 구조에 의한 심리적 억압, 고용주와 노동자 혹은 상사와 부하 직원 간의 누그러뜨릴 수 없는 잠재된 폭력, 교실과 가족 안에서의 폭력 등입니다. 폭력을 행사하는 자는 반드시 조직폭력배나 경찰이나 군인만이 아닙니다. 자신의 폭력적 행동과 관련하여, 사람들은 늘 앞서 일어난 폭력을 빌미로 자신의 행동을 정당화합니다. 예를 들어, 시위대가 화염병을 던지는 것은 앞서 벌어진 경찰 폭력의 희생자이기 때문에 그렇게 한다는 것입니다. 또한 경찰이 고무탄을 쏘는 것은 그 이전에 시위대의 화염병 투척이 있었기 때문이라는 것입니다. 그와 같이, 어떤 폭력이든 폭력을 단지 '대응 폭력'으로 변질시켜 폭력 자체에 대한 정당화를 시도합니다.

② 공권력과 폭력 사이의 전통적인 구분도 문제가 됩니다. 그 구분에 따르면, 국가가 강압과 난폭함을 행사할 때 그것은 공권력이고, 개인이나 조합과 정당 같은 집단이 그렇게 할 때 그것은 폭력이라는 것입니다. 하지만 이는 옳지 않은 구분입니다. 국가는 폭력에 의해 시작되고 이루어질 수 있습니

다. 사실상 정부가 유지되는 것도 '공적 폭력'에 의해서입니다. 정부는 언제나 정치적인 적을 제거해야 하고 새로운 구조를 정착시켜야 하는데, 이 모든 것은 국가가 정당한 듯이 행사하는 폭력으로 이루어지는 일입니다. 또한 경찰의 폭력과 다른 종류의 폭력 사이의 경계도 알 수 없는데, 오직 경찰의 폭력은 법으로 보장된다는 사실만 있을 따름입니다. 그러므로 법은 국가의 폭력을 정당화하기 위해 만들어질 수도 있습니다.

③ 국가의 중대한 법칙과 규율은 질서를 유지하는 것입니다. 그런데, 국가에 우선하여 중요한 것은 법질서가 아니라 실상은 거리에서의 질서입니다. 사회 상황이 안정적일 때, 시민들이 고분고분하게 질서를 따를 때, 사실상 질서가 지배할 때, 이럴 때만이 국가의 강압은 법에 충실하고 정의를 따릅니다. 하지만 국가의 위기 상황과 각종 재난과 어려움이 닥치면, 국가는 광분하면서 그 자체로 순전한 폭력인 특별법을 만들어 국가주의 행위를 정당화합니다. 그런 식의 특별법은 긴급사태에서의 예외법으로서, 모든 문명국가에 존재하는 개념입니다. 이는 폭력적인 현실을 가리기 위해 적법성을 띤 겉모습입니다.

2. 사회에서의 폭력 관계

① 사회의 모든 영역에서 폭력 관계는 늘 존재합니다. 예를 들어, 경제 체제도 폭력 관계로 이루어집니다. 특히, 자유기업 체제는 가장 우위에 있는 자가 이기는 자유경쟁 체제를

전제로 합니다. 그런데, 그런 자유경쟁은 사생결단의 경제적 투쟁으로서 폭력성을 드러냅니다. 그 때문에, 자유경쟁 체제에서는 가장 약한 자, 가장 고결한 자, 가장 양심적인 자는 반드시 패배자가 됩니다. 따라서 자유경쟁 체제의 폭력적 양상은 반드시 비판의 대상이 되어야 합니다.

② 계층 사이에도 지배 위치와 더 큰 이익을 차지하기 위한 폭력적인 경쟁 관계가 존재합니다. 노동자나 피고용자 같은 하위 계층, 그리고 부르주아나 관료 같은 상위 계층으로 서열이 나뉘자마자 폭력 관계가 생겨난다는 것입니다. 물리적일 수도 있고 심리적이거나 정신적일 수도 있는 상급자의 폭력도 늘 존재합니다. 때로 상급자는 도덕적 수단이나 기독교 같은 종교도 이용합니다. 이는 하급자가 복종하도록 하기 위함이고, 하급자에게 예속 정신을 주입하기 위함입니다. 상급자의 그런 방식은 모든 폭력 가운데 가장 나쁜 폭력입니다. 특히, '심리적 테러'라고 불리는 심리적 폭력은 직장 내에서 가장 심각한 문제입니다. 직장은 그런 심리적 폭력에 힘입어 서열이 유지될 수 있습니다.

3. 폭력과 그리스도인

① 사회 어디서든 폭력이 발견되는데, 이는 폭력이 우리 현실에서 자연적인 상태가 되었음을 나타냅니다. 폭력은 소위 '문명사회'를 포함하여 모든 사회의 일반적 존재 원리가

된 것입니다. 문명사회는 단지 정당화를 통해 겉으로 폭력을 잘 은폐하고 있을 따름입니다. 그런 폭력적인 현실에 맞서, 그리스도인은 "악에 악으로 대응하는 대신 선으로 악을 이겨내라."(로마서 12:17-21)라는 바울의 권고를 따라야 합니다. 그리스도인이 악에 의해 패배를 당한다는 것은, 악에 의해 악의 유희 속으로 들어감을 의미합니다. 따라서 악에 대응하려고 그리스도인이 악과 마찬가지의 수단을 사용하는 것은 악에게 패배를 당해 악을 행하는 것이 됩니다. 다시 말해, 폭력으로 폭력에 대응하는 것은 바로 악에게 패배를 당한 것입니다.

② 선으로 악을 이겨내라는 것은 하나의 투쟁입니다. 이 투쟁은 악 앞에서 굴복하거나 항복하는 것도 아니며, 아무것도 할 수 없는 약자처럼 무기력하게 행동하는 것도 아닙니다. 그리스도인은 언제나 선으로 악을 이겨내야 하고 악을 넘어서야 합니다. 그러려면 악이 다시 사용할 수 없는 수단을 써서, 악이 넘볼 수 없는 승리를 해야 합니다. 그렇게 그리스도인이 다른 수단을 선택하는 것과 다른 승리에 대한 의지를 갖는 것이야말로, 사회에서 폭력의 사슬을 끊기 위한 유일한 수단입니다. 오직 그런 선택과 의지만이 유일하게 증오와 두려움의 끝없는 악순환을 끊을 수 있습니다.

③ 모든 그리스도인은 인도의 민족해방운동 지도자 마하트마 간디 Mahatma Gandhi가 한 다음 같은 말을 명심해야 합니다.

두려움을 갖지 마세요. 두려워하는 사람은 증오하고, 증오하는 사람은 사람을 죽입니다. 여러분의 칼을 망가뜨려 내던져 버리세요. 그러면 두려움이 여러분에게 더는 엄습하지 않을 겁니다. 저는 욕망과 두려움에서 해방되어 하나님의 힘을 알게 된 것입니다.

간디의 말은 예수 그리스도가 가르치시는 길이 해답이라는 것을 보여줍니다. 다시 말해, 선으로 악을 이기는 방식의 승리가 비(非)그리스도인에게도 깊은 울림을 주고 있는 것입니다.

생각 나누기

1. 여러분이 겪고 있는 폭력에는 어떤 것이 있습니까? 그리스도인으로서 여러분은 그 폭력에 어떻게 대처하고 있는지요?

2. 압제당하는 자를 위해 폭력을 사용할 수밖에 없다는 다음 같은 견해에 대해, 그리스도인은 어떤 식으로 반응해야 할지 생각해 봅시다.

> 세상은 압제당하는 자와 압제하는 자, 가난한 자와 힘 있는 자로 갈라져 있습니다. 그런 세상에서 어느 쪽도 편들지 않는 것은 불가능합니다. 따라서 압제당하는 자를 보호하지 않은 태도는 압제하는 자의 편에 서는 것이 됩니다. 즉, 악한 자에 맞서 투쟁하지 않을 때마다, 그렇게 침묵을 지키며 행동하지 않는 것은 악한 자를 두둔하고 악한 자의 힘을 키워주는 셈이 됩니다. 그 때문에, 압제당하는 자의 편에 서야 합니다. 그런데, 압제당하는 자는 폭력에 의해 압제를 당하고 있기에, 그의 편을 드는 유일한 방법은 폭력입니다.

3. 경찰이나 군인이 무력을 사용하여 평화적 시위를 진압하고 해산하면서 폭력을 사용하는 데 대해, 그리고 시위자들이 법을 어기면서 폭력적 방식으로 시위하는 데 대해, 그리스도인은 어떻게 대응해야 할지 각자의 생각을 나누어 봅시다.

4. 양심적 병역 거부는 기본적으로 비폭력적 태도의 한 사례입니다. 그래서 프랑스 개혁교회는 양심적 병역 거부자의 태도가 교회 안에서의 소명임을 인정합니다. 물론, 양심적 병역 거부를 이용하거나 악용하는 사람들도 있습니다. 양심적 병역거부에 대한 각자의 의견을 제시해 봅시다.

5. 각자의 체험을 바탕으로, 평화를 실현하고자 구성원 간의 갈등을 중재할 때 생겨나는 어려움을 이야기해 보고, 그런 갈등을 잘 중재할 수 있는 노하우를 제시해 봅시다.

◐ 참고 문헌

신진욱. "근대와 폭력", 『한국사회학』제38집, 2004.

자크 엘륄. 『폭력에 맞서』, 이창헌(역), 도서출판 대장간, 2012.

Arendt H. *Macht und Gewalt*, Piper, 1970.

Galtung J. "Cultural Violence", *Journal of Peace Research 27*, 1990.

_____."Violence, Peace and Peace Research", *Journal of Peace Research 6*, 1969.

Ellul J. (2007c). *Contre les violents*, in *Le défi et le nouveau : Œuvres théologiques 1948-1991*, La Table Ronde.

13장. 전쟁

'정당한 전쟁'과 그리스도인

그리스도인은 '정당한 전쟁'을 받아들일 수 있는가?

13장.   전쟁

○   **생각 열기**

1차 세계 대전에 참전 중이던 영국 시인 지그프리드 사순 Siegfried Sassoon은 한 신문에 자신의 실명으로 글을 기고하는데, 다음은 그 글의 일부입니다.

> 내가 방어전이라고 생각하고 참전했던 이 전쟁은 이제 침략전이자 정복전으로 변질되었습니다. 나는 나와 내 동료 전우들이 원래 품었던 참전 목적을 처음부터 밝혀서 그것이 나중에 변질되지 않도록 했어야만 했다고 후회하고 있습니다. 그렇게 했더라면 우리가 달성하고자 했던 목표를 지금쯤 협상으로도 충분히 달성할 수 있었을 것입니다.

위의 글은 저자가 불의에 맞서 자국민의 생명과 자유를 지킨다는 방어 전쟁, 곧 '정당한 전쟁'이라고 생각했던 전쟁이 실제 전쟁터에서는 너무도 쉽게 침략 전쟁과 정복 전쟁으로 돌변할 수 있는지를 설명하고 있습니다. 사실상 세상의 모든 군대는 자신의 조국과 국민을 지키기 위해 존재한다는 명분을 내세우지, 다른 나라를 침략하기 위해 존재한다고는 하지 않지요.

하지만 지난 20세기에 자국민과 영토 보호를 명분으로 내건 군대들은 인류 역사상 가장 야만적인 일을 벌입니다. 1, 2차 세계대전으로 약 9,000만 명이 죽고, 20세기 후반의 전쟁으로 약 6,000만 명이 사망합니다. 한국전쟁에서만 하더라도 무려 140만여 명이 목숨을 잃지요. 21세기에 들어서도 지금까지 무력 충돌로 약 100만 명의 귀한 생명이 사라집니다. 누가 전쟁을 일으켜 그토록 많은 사람을 죽인 것인가요? 어떤 전쟁이 옳은 것인가요? 실제로 침략 전쟁과 방어 전쟁을 구분하기가 너무 미묘합니다. 하지만 그 결과는 너무나 참혹하고 비극적입니다.

　　이제 교회는 전쟁과 평화의 문제를 어떻게 가르칠 것인지 방향을 정해야 합니다. 소위 '정당한 전쟁론'은 4세기에 로마 아우구스티누스 황제에 의해 제시되고, 13세기에 와서 토마스 아퀴나스에 의해 체계화됩니다. 그런 '정당한 전쟁론'도 재검토되어야 합니다. 비록 교회가 전쟁이라는 악에 대한 최후 수단으로서 무력에 의한 정당방위를 인정하면서 그런 정당방위에 엄격한 제한을 둘지라도, 현실적으로 정당화될 수 있는 전쟁은 존재하지 않습니다.

　　결국, 전쟁은 늘 악용될 뿐이므로 이제 예수 그리스도의 '복음적 비폭력' 원칙을 실천해야 합니다(마태복음 5:39-44, 마태복음 26:52). 예수 그리스도의 비폭력은 소극적이거나 수동적이거나 유약한 것이 결코 아니라, 강철같은 사랑의 의지입니다. 어떤 전쟁이나 무력 분쟁이든 결국 죽음과 파괴에 지나지 않습니다. 그런 전쟁이나 무력 분쟁을 막고 종식하려는 노력의 일환으로서 이제 삶 속에서 비폭력을 실천하려는 책무가 교회와 그리스도인에게 주어집니다.

● **생각하기**

1. '성전'(聖戰)의 기원과 배경

① 이슬람의 영향으로 기독교에도 '성전'이라는 개념이 생겨납니다. 이슬람에서의 전쟁은 불신자나 이교도를 회심시키기 위한 정당한 의무이면서 심지어 신성한 의무이기도 합니다. 평화를 가져오는 수단으로서의 이슬람에서의 전쟁은 거짓 종교를 파괴하며 참된 신앙을 확장시키는 종교적 전쟁인 '성전', 곧 '지하드'가 됩니다. 반면에, 초기 기독교는 전쟁에 대해 매우 비판적입니다. 교부들은 "살인하지 말라."라는 계명을 들어 군 복무를 단죄하기도 합니다.

② 그러다가 아우구스티누스 황제에 의해 '정당한 전쟁론'이 확립되는데, 그는 로마의 북아프리카 사령관에게 '정당한 전쟁'에 대한 가르침을 주기도 합니다. 아우구스티누스 황제에 따르면, 전쟁은 평화를 회복하고 정의를 구현하기 위한 방편입니다. 그래서 명예롭게 치러져야 하는 '정당한 전쟁'에서는, 적에게도 신의를 지켜야 하며, 불필요한 폭력, 학살, 방화, 약탈 등은 없어야 합니다. 군대 내에서 그러한 전쟁을 수행할 수 있는 자들만 정당하게 폭력을 행사할 수 있다는 것입니다. 결국, 아우구스티누스 황제는 전쟁을 통해 세상의 평화를 지킬 수 있고 하나님의 공적인 선을 실현할 수 있다고 생각한 것입니다.

③ 그 이후 중세 기독교는 신앙 전파를 위해 이슬람의 전쟁을 점차 모방하기 시작합니다. 특히, 중세 기독교는 '자연 신학'을 도입합니다. '자연 신학'은 하나님의 존재나 그 진리의 원천을 초자연적 계시나 기적에서 구하지 않고, 순수하게 인간의 이성이나 자연에서 찾으려는 신학입니다. 그런 '자연 신학'의 핵심은 인간의 타락이 근본적으로 전적이지 않기에, 자연과 이성을 통해 하나님을 인식할 수 있다는 것입니다. 또 그 핵심은 초자연적 은총을 통해 자연과 계시를 '완벽한 자연' 안에서 통합할 수 있다는 것입니다. 더욱이, 이슬람의 영향으로 기독교가 자연에 일치하는 경향을 띠면서, 교회는 전쟁을 통해 인간을 강제로 그리스도인이 되게 하려는 강요된 회심의 경향을 띠게 됩니다. 즉, 기독교는 인간이 자신의 고유한 본성을 되찾도록 이교도를 기독교로 회심하도록 강요해야 한다는 것입니다. 그 대표적인 예가 십자군 전쟁인데, 이 전쟁은 이슬람의 '성전'인 '지하드'를 완전히 모방한 것입니다.

2. '성전'(聖戰)의 논리와 종교적 광신

① 과거 서구 기독교 국가에서 교회와 사제는 하나님의 이름을 빙자하여 하나님의 대리자인 듯이 행동합니다. 특히 국가 간의 전쟁 상황에서 교회와 사제의 역할은 자기 국가를 정신적으로 혹은 영적으로 떠받치는 일입니다. 그래서 교회와 사제는 하나님의 뜻과 이름으로 전쟁을 벌인다는 점을 강조합니다. 또한 전쟁에 참여한 자신의 국가로 하여금 하나님이 자

기편에서 싸우고 있음을 확신하게 만듭니다. 참혹한 살육의 현장에서 하나님의 은총을 찬미하는 장엄한 성가를 부르게 하는 것이 단적인 모습입니다. 적극적으로 전쟁을 벌이면서 전쟁을 합리화하는 '성전'의 논리는 그런 식으로 만들어집니다.

② '성전'은 기독교 국가의 군대가 '이교도 군대'와 벌이는 전투에서 사제가 병사들에게 주입하는 논리이기도 합니다. 전투가 벌어지기 전, 사제는 하나님의 뜻에 따라 이교도를 무찔러야 하며 전투에서 죽더라도 순교자가 되고 낙원에서 안식을 얻는다는 식으로 설교합니다. 사제의 그러한 설교에 이어 속죄의식이 거행됩니다. 그러한 설교와 속죄의식을 통해, 병사들은 전쟁터에서의 무모한 죽음이 내세에서의 영혼 구원으로 보상받는다고 세뇌당합니다. 그런 과정을 통해, 병사들로 하여금 죽음을 겁내지 않고 치열한 전투에 빠져들게 하는 종교적 광신이 생겨납니다. 그런 종교적 광신 때문에 전쟁터에서의 죽음조차 일종의 순교로 여겨집니다. 결국, '성전'의 논리는 그런 무모한 죽음도 하나님 앞에서의 축복과 영광이 된다고 포장합니다.

3. '정당한 전쟁'의 조건과 논리

① 국가는 외부의 적과 끊임없이 싸우는 상황에 놓이므로 전쟁을 하게 됩니다. 그런데, 국가는 반드시 전쟁을 해야 하느냐는 문제가 늘 제기됩니다. 하지만 국가가 적에 맞서 전쟁을 하지 못하게 하는 것은 국가의 존재 이유를 사라지게 하

는 것일 수도 있습니다. 그래서 초기 가톨릭교회는 법률 조문식으로 규정한 도덕법에 따라 '정당한 전쟁'의 요건을 따집니다. 그 결과, 전쟁은 하나님의 뜻을 실현하는 것이 되고, 이 때문에 국가는 전쟁을 할 수밖에 없다는 결론에 이릅니다. 한편, 폭력에 대해서 가톨릭교회의 전통 교리는 다음 두 가지를 가르치고 있습니다. 첫째, 정의와 평화의 질서를 위해 폭력을 사용할 수 있다는 것입니다. 둘째, 폭력은 그 사용과 목적에 따라 좋거나 혹은 나쁠 수 있다는 것입니다.

② 폭력에 대한 그러한 관점에서, 가톨릭교회는 전쟁이 정당해지려면 다음 조건을 갖추어야 한다는 논리를 내세웁니다. 첫째, 전쟁을 벌이는 대의명분이 정당해야 한다는 것입니다. 둘째, 전쟁은 모든 평화적 수단이 사라진 이후의 최후 방편이어야 한다는 것입니다. 셋째, 적을 물리치기 위해 사용된 수단이 정당해야 한다는 것입니다. 넷째, 전쟁에서 기대되는 이익이 전쟁에 의한 악보다 더 커야 한다는 것입니다. 다섯째, 전쟁이 끝날 때 정당하게 평화적으로 종결되고 새로운 전쟁을 막아야 한다는 것입니다. 한편, 칼 바르트 Karl Barth도 한 나라의 독립을 빼앗기고, 국민의 삶이 유린당하는 것을 방치할 수 없다고 하면서 '정당한 전쟁론'을 주장하기도 합니다. 라인홀드 니버 Reinhiold Niebhur 역시 평화주의자들이 현실을 도외시하며 인간 본성의 악함을 간과하고 있음을 비판합니다. 그래서 더 무서운 악을 제거하기 위해 덜 무서운 악을 선택해야 한다는 '정당한 전쟁론'을 받아들입니다.

③ '정당한 전쟁론'은 다음 같은 논리로 전쟁의 정당성을 내세우지만, 거기에도 문제가 따릅니다. 첫째, 인류에 대한 더 큰 악을 막기 위한 극히 제한된 전쟁은 정당하다는 것입니다. 하지만 전쟁을 벌일 만큼의 더 큰 악에 대한 판단이 실제로 불확실하다는 점이 문제가 됩니다. 둘째, 국가가 사라지지 않도록 정당하게 국가를 방어하는 일은 타당하다는 것입니다. 하지만 국가를 위한 그런 방어는 평화적 방법으로 분쟁을 해결하도록 가능한 모든 수단을 사용했을 경우에만 받아들일 수 있습니다. 셋째, 온갖 희생적 행위와 절차를 진행한 이후에야 전쟁이 제한적이고 예외적인 경우로서만 정당할 따름이라는 것입니다. 그런데, 평화를 위한 그런 행위나 절차가 침략자로 하여금 전쟁 준비를 더 잘 할 수 있는 기회를 주기도 합니다.

4. '정당한 전쟁'과 그리스도인

① 그와 같은 '정당한 전쟁론'에도 불구하고, 오늘날에는 '정당함'이라는 개념이 더는 통용되지 않습니다. 왜냐하면 전면전으로 벌어지는 현대 전쟁은 상상할 수 없을 정도로 대규모의 파괴를 초래하며, 인명 살상과 전장의 규모가 실로 엄청나기 때문입니다. 물론, 어떤 정당한 명분을 위해 적절한 무기를 사용하여 의로운 전쟁을 수행한다는 전쟁에 대한 전통적인 가설이 있습니다. 그런데, 그런 가설은 오늘날 상황에서는 전혀 타당성을 얻지 못합니다. 결국, 오늘날의 전쟁 상황에서는 '정당한 전쟁'의 조건들을 적용하기란 불가능합니다.

② 그와 같이, '정당한 전쟁'에 대해 정의하기를 포기한다는 것은 어떤 그리스도인들에게는 어쩔 수 없이 전쟁을 할 수밖에 없다는 것이 되고 맙니다. 게다가, 아무리 그리스도인이 평화의 길을 걸어가야 한다고 하더라도, 미치광이나 흉악한 범죄자가 가족이나 이웃을 공격할 경우가 있습니다. 그럴 경우, 절대적인 평화주의의 길을 걸어갈 수만은 없다는 결론에 이르기도 합니다. 결국, 그리스도인도 국가를 따라야 하기에 전쟁을 받아들여야 할지 고심하게 됩니다. 하지만 그런 상황에서도 그리스도인은 '책임적 평화주의'를 추구해야 합니다. 이는 법과 정책을 통해 전쟁 발생을 방지하고 폭력 사용을 종결지으려는 노력을 중요시하는 것입니다.

③ 물론 그리스도인은 그런 입장을 견지하면서도, 죄악과 불의가 지배하는 세상에서 책임지는 삶을 위해 '정당한 전쟁론'을 무시하지 말아야 합니다. '정당한 전쟁론'은 힘이나 강제력의 사용을 허용하면서 평화 회복을 위한 최후 수단으로서의 폭력이나 전쟁을 수행해야 할 때가 있다고 보는 것이기 때문입니다. 그리스도인은 그러한 '정당한 전쟁론', 그리고 모든 종류의 폭력과 전쟁을 거부하는 '원칙적 평화주의' 사이에서, 그 둘 중 어느 하나도 무시하지 않는 입장을 취해야 합니다. 예를 들어, 그리스도인은 자신의 특성상 적에 대한 증오 없이 전쟁에 가담할 수 있습니다. 적을 죽이되 적을 증오하지 않는 '그리스도인의 역설'이 가능하다는 것이지요. 다시 말해, 적에 대한 사랑과 적에 대한 가혹 행위가 동시에 이루어지는 일

이 완전히 불가능하지는 않다는 것입니다. 따라서 전투가 진행될 때 적을 죽이거나 혹은 자신이 죽임을 당하는 것 외에 모든 것은 완전히 금지됩니다.

◎   생각 나누기

1. 이라크 전쟁 당시, 자신이 그리스도인임을 내세우는 어떤 미국 장군이 미국이 벌인 이라크 전쟁은 사탄의 무리를 징벌하고 무찌르는 것이라고 발언한 적 있습니다. 그런 발언에 대해 그리스도인은 어떻게 평가해야 할지 의견을 제시해 봅시다.

2. 전쟁이 벌어져 어쩔 수 없이 전쟁에 참여하여 무기를 들고 적과 맞서야 할 때, 그리스도인은 과연 어떤 태도를 취해야 할지 자신의 생각을 말해 봅시다.

3. 전쟁터에서 전투가 벌어질 때 적은 아군의 목숨을 위협하는 존재인데도, 그리스도인으로서 적에 대한 증오를 갖지 않고 적을 공격하거나 무찌르는 행위가 가능할지 생각해 봅시다.

4. 지구상 마지막 냉전 지역인 한반도는 거의 70년째 정전상태에서 남북이 대치하고 있기에, 평화 체제를 구축하는 것은 우리의 생존과 번영을 위해 필수적인 조건입니다. 남북한이 전쟁을 막고 평화적 관계를 구축하기 위한 정책적, 법적 과제는 무엇이라고 생각합니까? 그리고 전쟁을 해소하기 위한 교회의 역할은 무엇일까요?

참고 문헌

니얼 퍼거슨. 『증오의 세기』, 이현주(역), 민음사, 2010.

이상민. 『볼테르의 이신론과 기독교 비판에 대한 연구』, 서울대학교 박사학위논문, 2018.

조효제. "정당한 전쟁 대신 정당한 평화를", 가톨릭 평론 제4호, 2021.

자크 엘륄. 『뒤틀려진 기독교』, 박동열·이상민(역), 도서출판 대장간, 2012.

_____. 『폭력에 맞서』, 이창헌(역), 도서출판 대장간. 2012.

Ellul J. *Contre les violents*, in *Le défi et le nouveau : Œuvres théologiques 1948-1991*, La Table Ronde, 2007.

_____. *La Subversion du christianisme*, Éditions du Seuil. Labor et Fides, 1984.

14장. 서구문명

서구의 모순과 하나님의 침묵

오늘날 서구문명은 대안이 될 수 있는가?

14장.   서구문명

○   생각 열기

　　영국 시인 조셉 러디어드 키플링 Joseph Rudyard Kipling의 시 「동과 서의 발라드 The Ballad of East and West」에는 "아, 동양은 동양이고 서양은 서양이라, 절대 서로 어울릴 수 없을지니."라는 구절이 나옵니다. 이 구절은 '동양'과 '서양'을 차별적인 별개의 존재로 간주하는 서구인의 대립적인 인식 체계를 보여줍니다. 서구인은 '서구중심주의' Western-centerism 세계관을 가지고 있습니다. '서구중심주의' 세계관이란 동양과 서양이라는 본질적인 분열 구도 속에서 동양을 타자로 하여 서양의 타고난 우월성을 강조하는 세계관입니다.

　　그런 '서구중심주의' 세계관은 17~18세기 계몽주의에서의 '문명'과 '진보'라는 개념과 더불어 태동합니다. 특히 18세기 후반에 와서, 프랑스 계몽철학자들은 '문명'이 이성의 진보를 의미하는 것으로 인식합니다. 더욱이, 19세기에는 '문명'이라는 개념이 서구 중심적 성격을 강하게 띠게 되면서, 그런 '문명' 개념으로부터 '서구예외주의' Western-exceptionnalism와 '오리엔탈리즘' Orientalism이 생겨납니다.

　　'서구예외주의'는 서구를 제외한 세계 어디에도 그처럼 합리적이고 독창적이며 진보적이고 근대적인 문명이 발전되지 않음을 드러내려는 경향입니다. 그와 같은 '서구예외주의'에서 출발한 '서구중심주의'는 자본주의와 과학기술 문명이 만든 '근대성'이라는 토대 위에서 오랫동안 서구에서 지배적 담론의 위치를 차지합니다.

반면에, '오리엔탈리즘'은 동양을 뒤떨어지고 열등한 '타자'로 정의하는 서양의 우월한 자의식을 함의하고 있습니다. 그런 '오리엔탈리즘'을 통해 동양은 스스로 존재할 수 없고 오직 서구인이 정의한 형태로 존재하는 피억압자가 됩니다. 특히, 에드워드 사이드 Edward W. Said는 자신의 저서 『오리엔탈리즘』에서, 동양에 대한 서구인의 허상이 어떻게 지식 체계로 변신했는지 분석하면서, 서구 문명의 보편성과 절대 가치들도 상대적일 수밖에 없다는 점을 지적합니다.

데카르트 Descartes의 이원론적 형이상학에 근거를 둔 서구의 근대정신은 '인간중심적 세계관'으로 요약됩니다. 그런 서구의 근대정신은 인간을 자연과 분리하여 자연을 정복과 지배와 약탈의 대상으로 봅니다. 그렇기에, 서구의 근대정신은 자연과 인간을 하나의 유기적 실체로 보는 성경적 세계관과는 완전히 다릅니다(로마서 8:19~22, 시편 103:22). 서구 근대정신의 그런 자연관에서 비롯된 '서구적 합리성'은 물질적 성공, 정치·사회적 자유, 지적 계몽에 의해 정당화됩니다. 하지만 다른 측면에서 그런 자연관은 자연생태계 파괴, 배금주의, 문명의 파국, 비서구 세계에 대한 지배 등 심각한 문제를 야기합니다.

그러므로 이제 우리는 생명 공존을 위한 대안적 문명을 제시해야 합니다. 물론, 그 원천은 하나님의 계시 자체인 성경에서 찾아야 할 것입니다. 일원론적 형이상학, 생태 중심의 윤리, 하나님 나라의 윤리로 현대문명이 전환되지 않는다면, 인간 문명은 내부 모순으로 급속히 파멸될 것이 분명하기 때문입니다.

● 생각하기

1. 서구의 과오와 공헌

① 서구는 전 세계를 침략함으로써 불법적인 지배를 확립하고 식민지 지배 체제를 만듭니다. 그래서 식민지의 토착 언어는 가치를 잃어 서구 언어에 공용어 자리를 물려줍니다. 또한 토착민의 법과 관습은 서구 침략자의 법과 관습으로 대체됩니다. 서구인은 자유롭게 살기를 원한 민족들에게 박해를 가하고 때로는 완전히 멸절시킵니다. 수많은 북아메리카 인디언 부족이 속임수 협정을 통해 철저하게 자유를 박탈당하고, 자유를 되찾기 위한 저항은 가차 없이 제압당합니다. 심지어 남아메리카에서는 토착 부족의 생명을 앗아가는 전염병을 일으키기 위해 유럽의 질병을 의도적으로 퍼트리기까지 합니다. 그런 침략과 압제의 유일한 목적은 서구에 유용한 부를 위한 노동력과 재화의 착취였습니다.

② 서구식민주의 시대의 침탈은 제국주의 시대의 침탈로 이어집니다. 서구는 제3세계의 경제를 통제하고 인류의 3분의 2를 기아 상태로 몰아넣습니다. 그뿐 아니라, 서구는 식민지 해방 이후에도 여전히 경제적으로 종속된 민족들의 부(富)를 계속 쉽게 가져가고 있지요. 그런 부의 약탈은 불공정 협정, 국제시장 법칙, 일방적인 가격 규제, 관세법 조작을 통해 이루어집니다. 특히, 서구는 경제적 지배를 더욱 공고히 하려고, 제

3세계 민족이 혁명 운동을 통해 만들어낸 독립 정부를 다양한 공작을 통해 은밀히 무너뜨립니다. 그리고 그런 과정에서 권력을 차지한 제3세계 독재자들은 서구의 지원에 의해서만 자리를 유지합니다.

③ 오늘날 서구인은 선조가 지난날에 수확한 것으로 살고 있다는 점에서, 지난날의 선조의 과오는 바로 서구인의 과오가 됩니다. 그래서 서구인은 선조의 그러한 피 흘림, 약탈, 정복, 학살과 밀접히 연계되어 있습니다. 다시 말해, 서구인은 선조의 모든 부를 물려받을 뿐 아니라 서구 정복자에 대해 쌓인 온갖 증오도 물려받는 것이지요. 결국, 서구인은 선조가 취한 것과 관련하여, 식민지배를 받은 제3세계에 빚을 진 것입니다. 비록 서구 국가가 지금 제3세계에 원조를 하더라도, 이는 탈취한 것에 대한 일부분의 미미한 보상과 회복에 불과합니다. 따라서 서구인은 서구에 대한 전 세계의 비판과 비난을 진지하게 받아들여야 합니다.

④ 물론, 도로와 병원과 학교와 댐을 건설하고 유정(油井)을 뚫은 것은 서구가 식민지 국가에게 가져다준 유용한 물질적 재화입니다. 그런데, 서구인은 이를 통해 기술 정신, 과학, 국가 개념, 행정, 민족주의 이데올로기 등을 식민지 민족에 이식합니다. 그러한 이식을 통해 무엇보다 식민지 민족의 문화가 파괴되는 결과가 나타납니다. 그렇지만 다음 같은 서구의 공헌에 대해서는 긍정적으로 볼 수도 있지요. 즉, 서구만이 세계

에서 처음으로 자유의 선포를 확산시키고, 해방 정신을 불러일으킵니다. 그뿐 아니라, 서구만이 개인의 가치를 주창하고, 인간 자신이 '유일한 인격적 존재'라는 자기 정체성을 분명히 선포합니다. 그래서 현대인은 자신의 자유를 요구하기 시작하고, 모든 사람 앞에서 자신을 당당히 드러내며, 개인으로서의 자신의 존재를 뚜렷하게 표현하게 됩니다.

2. 서구의 모순과 하나님의 침묵

① 서구는 그 정신과 업적에서, 정복하고 상승하는 사랑을 가리키는 '에로스'로 표현될 수 있습니다. 즉, 서구는 세상의 다른 어느 지역이나 문명보다도 더 에로스에 사로잡혀 있으며, 에로스에 의해 지배됩니다. 이 에로스는 지적 지배와 정치적 지배를 추구하고, 신과 인간을 장악하려고 합니다. 그리하여 인간의 오만은 모든 면으로 퍼져나가고, 인간의 위대성을 기리는 일이라면 모든 것이 행해집니다. 그러나 절대적이고 궁극적인 모순인 복음이 그러한 인간의 세계에 전해집니다. 하나님께서는 복음을 통해 에로스와 완전히 반대되는 '아가페'를 세상에 가져오십니다. 즉, 서구는 갑자기 자신과 반대되는 것에 의해 침투당함으로써, 아가페의 계시를 전하도록 선택받은 것입니다.

② 따라서 서구는 양립할 수 없고 엄밀하게 서로 모순되는 두 요인, 곧 에로스와 아가페와 마주하여 그 모순에서 빠

져나오지 못하고 있습니다. 서구의 역사는 그런 모순으로 이루어집니다. 즉, 서구는 반(反)에로스, 아가페, 약탈 가운데서의 공여(供與), 낮아짐이라는 계시를 전하기 위해 선택된 것입니다. 그리하여 서구인은 인간의 도전에 상응하는 하나님의 도전과 마주합니다. 그런 도전 때문에, 서구는 가장 근본적인 영적 투쟁의 장소가 됩니다. 서구의 모든 업적과 창조물 그리고 서구의 정치적, 지적, 경제적, 기술적 진보는 그런 긴장과 갈등의 산물입니다. 결국, 오늘날 서구는 그런 긴장과 갈등과 모순의 정점에 도달해 있는 것처럼 보입니다.

③ 그런 긴장과 갈등과 모순 상황에 놓인 서구에서 하나님께서는 침묵하십니다. 다시 말해, 하나님께서는 더는 자신을 계시하지 않으시며, 자신의 말을 들리지 않게 하십니다. 하지만 다음 같은 세 가지 이유에서 역사 속에서 하나님의 말씀은 반드시 필요합니다. 우선, 역사 전체가 에로스와 아가페 사이의 긴장과 갈등에 의해 이루어진다는 것이 첫 번째 이유입니다. 다음으로, 역사 전체가 모든 것을 지배하려는 인간의 자만과 현존하시는 하나님의 겸허 사이의 긴장과 갈등에 의해 이루어진다는 것이 두 번째 이유입니다. 마지막으로, 역사 전체가 인간과 하나님 서로 간의 도전의 산물이며 이는 늘 되풀이된다는 것이 세 번째 이유입니다. 결국, 하나님께서 침묵하신다는 것은 역사 전체의 의미가 사라지고 역사 전체가 폐기됨을 의미합니다.

◎ **생각 나누기**

1. 세계 질서에서 중국의 영향력도 막강하지만 지금도 세계를 이끌어가는 것은 미국을 비롯한 서구 세계임이 분명합니다. 특히, 서구의 역사는 세계 역사의 중심이나 주체로서 서술되는 경우가 대부분입니다. 서구가 의도하는 세계 질서에 따라 세계가 움직이는 것이 과연 바람직한지, 그리고 서구 중심의 역사 서술이 과연 올바른지 의견을 나누어 봅시다.

2. 기아, 테러, 내전 등 서구식민주의와 제국주의의 끔찍한 결과와 후유증은 아직도 제3세계를 중심으로 지속되고 있습니다. 그리스도인으로서 그런 결과와 후유증을 극복하고 치유하며 해결할 수 있는 방안을 어떤 식으로 제시할 수 있을까요?

3. 과학 기술로 무장한 오만한 인간은 모든 것을 지배하려고 하면서 하나님께 도전하고 있습니다. 그리스도인으로서 하나님께 맞선 그런 도전에 대처할 수 있는 방안을 어떤 식으로 제시할 수 있을지 나누어 봅시다.

4. 그리스도인의 참된 삶의 방식은 서구 문명이 낳은 현대 사회의 문제들에 어떠한 대안을 제시할 수 있을까요?

참고 문헌

박이문, 『문명의 미래와 생태학적 세계관』, 당대, 1998.

에드워드 사이드, 『오리엔탈리즘』, 박홍규(역), 교보문고, 2015.

자크 엘륄. 『서구의 배반』, 박건택(역), 솔로몬, 2008.

Ellul J. *Trahison de l'Occident*, Princi Negue Editor, 2003.

15장. 해방신학

해방신학의 필요성과 전망

해방신학이 우리 현실에 주는 의미는 무엇인가?

15장. 해방신학

○ 생각 열기

　이제까지 기독교 신학은 거의 예외 없이 유럽이나 미국에서 출발하고 발전하여, 세계의 다른 지역으로 퍼져 나갑니다. 그런데, 1960년대 말과 70년대 초에 남미에서 해방신학이 태어납니다. 해방신학은 성경의 계시나 형이상학 혹은 선험적 원리로부터 시작한 신학이 아니라, 매우 구체적인 역사적 정황으로부터 출발한 신학입니다. 구체적으로 표현하면, 해방신학은 라틴아메리카에 존재하는 대중의 가난, 불의, 불공평, 압제에 대한 윤리적 분노로부터 시작한 신학입니다.

　　그런 해방신학의 의의는 기독교 신학에 어떤 새로운 주제를 도입한 데 있다기보다는 신학을 하는 새로운 방법론을 제시한 데 있습니다. 신학의 모든 주제, 곧 하나님, 삼위일체, 예수 그리스도, 성령, 은혜, 죄, 교회 등을 가난하고 억압당하는 사람들의 관점에서 기술한 것에 해방신학의 의의가 있다는 것입니다. 특히, 신학적 전개에 있어 해방신학은 복음의 상황화, 가난한 사람의 눈으로 성서 다시 읽기, 진리의 실천이라는 세 가지 요소를 중요하게 다루면서, 기독교 신학에 중요한 문제를 제기합니다. 그럼에도 해방신학은 성경적 관점에서 몇 가지 한계를 보여주고 있습니다.

　　첫 번째 한계는 '해방'이라는 개념입니다. 대표적인 해방신학자 구스타보 구티에레즈 Gustavo Gutiérrez는 해방을 세 가지로 구분합니다. 첫째, 압제당하는 자들이 염원하는 정치적 해방입니다. 둘째, 인간 스스로 운명의 주인임을 의식하고 책임지는 역사적 과정으로서의 해방입니다. 셋째, 예수 그리스도로 말미암은 죄로부터의 해방입니다. 그러나 해방신학이 진정으로 의도하는 해방은 사회주의적 혁명의식이 반영된 정치적 해방이며, 그것이 신학의 지상과제입니다.

두 번째 한계는 해방의 대상입니다. 해방신학에서 해방의 대상은 죄인 혹은 회개해야 할 사람이 아니라, 고난받는 '의인들'입니다. 즉, 자기 죄를 고백하고 회개하는 죄인이 아니라, 의분을 가지고 저항하고 항거하는 '의인들'이 해방의 대상입니다. 이들은 그리스도의 은혜를 통해 해방되는 죄인이 아니라, 폭력으로 스스로를 해방하는 혁명 투사인 것입니다. 하지만 성경이 말하는 가난한 자는 겸손히 하나님의 구원을 기다리는 사람이지, 혁명을 일으키는 사람은 아닙니다.

세 번째 한계는 예수 그리스도의 철저한 '비무력' 원칙과는 다른 해방신학의 입장입니다. 해방신학은 하나님의 속성이나 행위에 대한 정확한 지식을 제공하는 데 신학의 목적을 두지 않습니다. 반면에, 해방신학은 신앙의 행동을 실천하는 것, 곧 민중을 해방하는 데 신학의 목적을 둡니다. 그렇다면, 이는 기독교 신학이 정치 이데올로기가 되어야 한다는 말과 다르지 않게 됩니다.

비록 해방신학의 이데올로기적 성격에 대해 그렇게 비판할 수 있더라도, 남미의 해방운동이나 혹은 그러한 해방신학이 배태된 상황을 반드시 고려해야 합니다. 따라서 그리스도인은 자신이 떠맡아야 할 사회적 책임과 정의감의 절박성을 결코 외면하지 말아야 합니다. 오늘날의 현실에서 교회와 그리스도인이 정말 비참하고 절박한 현재의 사회 상황에 무관심하다면, 오히려 그런 무관심이 비정상적인 자세일 것입니다.

● 생각하기

1. 해방신학의 특징과 한계

① 해방신학은 인간 스스로의 힘에 의한 혁명과 해방을 목표로 삼고 있으며, 다음 같은 인식에서 출발합니다. 즉, 인간은 타락하지도 않고, 죄인도 아니며, 본질적으로 선한 존재라는 인식입니다. 그런데, 그러한 인간이 경제적 구조와 정치적 구조에 의해 소외되어 있으며 자신으로부터 박탈되어 있다는 것이지요. 해방신학에서는 신앙, 소망, 하나님 나라, 기도 등 이 모든 것을 단지 피지배자를 복종시키고 피지배자의 저항을 막기 위해 지배 계급에 소용되는 도피 수단으로 봅니다. 유일하게 중요한 현실은 지금 여기서 일어나는 지상에서의 해방이고 정치적 해방이기 때문입니다.

② 그런 해방신학이 부르주아 자본주의에 대해 구체적인 문제를 제기하지 않은 것도 문제가 됩니다. 더욱이, 극소수에 의해 자행된 사회주의 독재 혹은 공산주의 독재는 그 어느 때보다 민중을 더 노예 상태로 만드는 결과를 낳았습니다. 그런데, 해방신학은 그런 사회주의 독재나 혹은 공산주의 독재에 대해 문제를 제기하지 않았지요. 그 때문에, 해방신학은 17세기부터 19세기까지의 부르주아 신학처럼 추상적인 신학에 해당한다고 볼 수도 있습니다.

③ 더 나아가, 해방신학은 자본주의 체제의 수립을 정당화하는데 소용된 18~19세기의 신학처럼 '정당화의 신학'이라고 할 수도 있습니다. 즉, 해방신학은 혁명적 시도나 사회주의적 시도를 정당화하는데 소용되고 있다는 것입니다. 그와 같이, '정당화의 신학'이라는 점에서 그 두 신학의 역할은 변하지 않은 상태입니다. 그렇다면 결국 그 두 가지 신학의 내용 변화는 정치·경제적 상황의 변화에서 비롯될 뿐 아니라, 정치·경제적 상황 변화 속에서의 교회의 상황 변화에서 비롯된다고 할 수 있겠지요.

2. 해방신학의 필요성과 전망

① 해방신학을 이해하려면 이 신학이 생겨난 남아메리카의 특수한 억압 상황을 고려해야 합니다. 즉, 서구의 경제적 수탈, 서구에 대한 경제적 예속, 불법적인 미국의 개입과 공작, 극심한 정치적 억압, 일상적으로 자행되는 고문, 엄청난 빈부격차, 구조화된 실업과 문맹, 농민 계층의 비참한 상황, 노동자에 대한 터무니없는 착취, 대형 광산 기업과 대규모 과수 기업의 열악한 노동 환경 등이 이에 해당합니다. 남미의 민중들이 해방신학을 통해 그런 억압에 대해 투쟁 의지를 북돋우고 불태우는 것은 극히 당연할 수 있습니다. 따라서 해방신학은 그런 억압 상황에서 성경이 말하는 해방과 자유를 어떻게 이룰 수 있을지를 모색하는 가운데 생겨난 특별한 상황적 신학입니다. 그 때문에, 해방신학은 다른 곳으로 확산되거나, 아프리카나

혹은 서구 세계를 위한 신학적 모델이 되기가 어렵습니다.

② 일단 승리한 혁명이 해방된 민중의 수중에 들어가지 않는 현상은 언제나 문제가 됩니다. 승리한 혁명이 전임 권력자만큼이나 압제적이고 고통을 주는 독재자나 잔혹한 당의 수중에 들어간다는 것입니다. 심지어 투쟁 끝난 후에 해방신학은 혁명 이후에 나타나는 독재자를 정당화할 위험성도 있습니다. 그뿐 아니라, 해방신학은 '가난한 자'라는 어떤 한 측면을 옹호하는 편향적인 정치 신학이 될 가능성도 늘 있습니다.

③ 그럼에도 해방신학자들은 전통적인 '하늘의 신학'과 비교하여 '땅의 신학', '노동 신학', '여성 해방신학' 등으로 영역을 넓혀가고 있을 뿐 아니라, 경제, 환경, 문화인류학 등을 신학과 연계시키고 있습니다. 특히, 그들은 남아메리카 민중의 삶 가운데서 실천적으로 신학을 전개해 나가고 있지요. 따라서 해방신학은 삶의 현장에서의 실천 행위에서 비롯된, 살아있는 신앙에 대한 조직적이고 비판적인 성찰입니다. 그렇기에, 해방신학의 핵심 주제는 '실천과 현장에 대한 이해와 인식'이며, '억압의 현장에서 출발한 억압으로부터의 해방'입니다. 그런 의미에서 해방신학은 현실과 뗄 수 없는 관계를 맺고 있으며, 현실이 존재하는 한 존재할 수밖에 없는 신학이라고 볼 수도 있습니다.

◐ **생각 나누기**

1. 한국 사회에서 나타나는 빈부 격차, 청년 실업, 저임 노동, 열악한 노동 환경 등 여러 문제를 해결하는데 그리스도인의 신앙은 어떤 식으로 기여할 수 있을지 나누어 봅시다.

2. 인간 스스로의 힘에 의한 혁명과 해방을 목표로 삼는 해방신학의 한계점과 시사점이 무엇인지 나누어 봅시다.

3. 만일 해방신학과 '하나님 나라 신학' 사이에 어떤 연관성이 있다면, 그 연관성은 어떤 식으로 표현할 수 있을지 의견을 제시해 봅시다.

참고 문헌

구스타보 구티에레즈, 『해방신학: 역사와 정치와 구원』, 성염(역), 분도출판사, 2000.

박만. 『현대 신학 이야기』, 살림출판사, 2004.

자크 엘륄. 『기독교와 마르크스주의』, 곽노경(역), 도서출판 대장간, 2012.

홍인식. "가난한 사람으로부터 생각하는 공동선", 청년신학아카데미자료. 2021.

Ellul J. *L'Idéologie marxiste chrétienne: Que fait-on de l'Evangile?*, La Table Ronde, 2006.

자크 엘륄 관련 추천도서

자크 엘륄, 시대를 앞서간 사상가

세상 속의 그리스도인

뒤틀려진 기독교

이슬람과 기독교

자유의 윤리 1

기술 체계

서구의 배반

자유의 투쟁

Le bluff technologique
〈기술 담론의 허세〉

세상 속의 그리스도인

ⓒ 박동열·이상민 - 2021

2021년 9월 27일 초판 1쇄
지은이　｜　박동열 이상민
펴낸이　｜　안정민
펴낸곳　｜　도서출판 고북이
편집·디자인　｜　방윤미
교정·자료조사　｜　김지섭
등록　｜　제 25100-2018-000033호
주소　｜　서울시 은평구 녹번동 131-122 202호
전화　｜　070-8777-1447
E-mail　｜　slow.steady.gobook@gmail.com

ISBN 979-11-970958-2-5 04230
　　　979-11-970958-1-8 04230 (세트)

Christians in the World
The Gobooki Publisher, Seoul
Printed in Kerea

책값은 뒤표지에 있습니다.
펴낸이의 허락 없이 이 책의 전체나 부분을 어떤 수단으로도 이용할 수 없습니다.